数据治理新论

政务数据与社会数据
对接利用研究

郭明军　著

New
Perspectives on
Data Governance

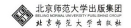

北京师范大学出版集团
BEIJING NORMAL UNIVERSITY PUBLISHING GROUP
北京师范大学出版社

网络安全等多个学科，单一的学科视角无法为复杂的数字治理问题提供有效答案，单一的技术逻辑、市场逻辑、监管逻辑也都无法有效应对数字治理变革下的新模式、新问题、新挑战。那么，何谓数字治理？如何建立较为科学、合理的数字治理理论概念分析框架？如何系统总结国内外火热的数字治理实践，并上升为规律性认识？如何在理论研究与实践探索基础上，构建一种新型的数字治理体系？近几年来，我们对这些问题做了一些初步的思考，并推动了中国社会治理研究会数字治理分会的成立，也得到来自学界同仁及政府部门、产业界的鼓励和支持。

尽管数字治理是一个崭新的概念，但近年来围绕数字治理的实践探索一直在积极推进，国内外理论界也展现出极大的学术热情，基于不同学科视角，对政务信息化、电子政务、数字政府、数字经济、数字社会、数据治理、数字法治等问题进行了较为深入的研究，围绕数字治理，不同学科、不同理论视角的理解既有差异，也有交叉和共识。

传统意义上的"治理"主要是指政府对公共事务的治理。随着数字化技术与手段在治理领域中的不断创新应用，如何以数字化赋能、提升治理绩效、增进社会福祉日益成为学界关注的重点课题。客观看，与电子政务、数字政府、数据治理等概念相比，数字治理这一理念的内涵更加深刻、外延更为广泛，更具包容性。我们认为，数字治理是指以数字化赋能治理体系和治理能力现代化为目标，在政府主导下，平台与企业、社会组织、网络社群、公民个人等多元主体共同参与相关事务的制度安排和持续过程。从本质上看，数字治理是以人为本、共享共治的治理，是以政府主导、多元主体协同参与的治理，是以增进公共利益、提升个人福祉为目标的治理，是以数据为基础、数字技术和平台为支撑的治理。数字治理概念涵盖了数字政府治理、数字经济治理、数字社会治理、数字技术治理、数据治理等，既有"基于数字化的治理"，即运用数字化工具、手段、措施赋能现有治理体系，提升治理效能的过程；又有"对数字化的治理"，即针对数字世界涌现的各类复杂问题的创新治理。此外，从治理范围来看，数字治理既包括宏观意义上的全球数字治理、国家和社会层面的治理等，也包括中观维度的行业治理、平台治理、产业治理等，还包括微观意义的企业治理、社群治理等。从治理的动态过程来看，数字治理作为数字技术、数字经济、数字社会、数字政府在发展中产生的一种新型治理，包括治理理念变革、运行机制重构、治理方式转变、治理流程优化等。

与数字治理相比，数字政府强调的是政府通过数字化手段有效地执行其监督、规划、组织、协调等治理效能和透明性，以政府为主导的政务性事务为主要治理对象，二者都突出数字化手段在治理中的赋能作用，突出数据的基础性作用、数字技术和平台的支撑作用，突出强调公共利益的增进、个人福祉的提升、治理效率的提高；数字经济治理主要是政府管理部门及其他主体以促进数字经济健康发展为目标，综合运用政策、法律、市场、技术、道德伦理及舆论监督等多种手段对数字经济的治理，数字经济治理是数字治理中最基础、最活跃的部分，数字经济发展中面临的一系列问题也是数字治理中最具复杂性、先导性、挑战性的问题，数字经济治理可为数字治理提供丰富的实践案例和源头活水，数字治理的治理原则、治理工具、治理评价等也可为数字经济治理提供理论方法和指导；数字社会治理主要是指依托数字技术和数字平台，多元主体协同参与对社会事务的治理，数字社会治理是数字治理题中应有之义，也是数字治理中最能体现共建共治共享价值理念的治理；数据治理既包括对数据本身的治理，又包括通过数据工具实现政治、经济、社会的治理，还包括平台或企业内部的数据治理，核心目标都在于充分释放数据要素的价值，与数字治理宏大的关切视野相比，是更加具象的治理，突出的是对数据的治理，以及以数据为手段对政务性事务和活动、企业内部的事务与活动等的治理，数字治理与数据治理都是源于数字技术变革和驱动的治理，是数字技术与原有体制机制相融合、嵌入的过程。

近年来，中国数字经济异军突起，数字社会蓬勃发展，数字政府快速推进，但与数字化发展与治理相应的学术研究相对滞后、政策供给有待加强。尤其是对数字化转型发展与治理变革的生动实践缺乏深度的规律总结与科学分析，对事关数字时代国家和社会治理的重大理论问题缺乏系统研究与全面梳理，对事关数字经济、数字社会、数字政府的治理之道还缺乏前瞻性的战略研究和科学预判，对全球数字治理还缺乏有力的规则掌控与话语引领。

政策背后是理论，只有穿透理论的层峦叠嶂，才能拨云见日、找到解决问题的切实可行的政策工具。由于互联网起源于西方，有关互联网、大数据、人工智能等发展与治理的研究大多肇源于西方，国内很多相关研究遵循的学术范式、使用的话语体系也源于西方。我们既不能以西方数字化治理框架模式作为唯一标尺，也不能闭门造车、自说自话，应立足于中国国情特别是中国数字化发展与治理实践，构建具有中国特色的数字治理理论体系。

"数字治理系列丛书"是应北京师范大学出版集团之邀，由北京师范大学中国社会管理研究院、互联网发展研究院与中国社会治理研究会数字治理分会联合推出。丛书围绕数字中国、数字政府、平台治理、数据治理等数字治理领域相关重大议题，进行了系统深入的理论与实践研究。第一辑包括中共中央党校（国家行政学院）汪玉凯教授的《数治转型：数字中国的多维视角》，北京师范大学李韬教授等的《追寻善治：促进平台经济创新发展与治理》，国家信息中心郭明军研究员的《数据治理新论：政务数据与社会数据对接利用研究》，清华大学张成岗教授等的《掌控隐私：技术化生存与数据安全治理之道》，北京大学黄璜教授等的《平台赋能：治理现代化的数字逻辑》。希望以数字治理系列丛书的编写和出版为契机，搭建数字治理学术共同体，与学界同仁一道，持续推进数字治理理论创新，以裨益于自主知识体系构建，并助力数字治理实践创新。

是以为序。

李　韬

2024 年 11 月 1 日

目 录
CONTENTS

前　言

　　党的十九届四中全会将数据增列为与劳动、资本、土地、知识、技术、管理等同等重要的生产要素，数据已成为国家基础性战略资源，是数字经济时代的新型生产要素。数据日益渗透到政府管理及经济社会生活之中，正重塑生产方式、生活方式及社会治理方式。《中国数据要素市场发展报告（2021—2022）》指出，数据要素对2021年GDP增长的贡献率和贡献度分别为14.7%和0.83百分点。《党的二十大报告学习辅导百问》指出，数据要素正成为劳动力、资本、土地、技术、管理之外最先进、最活跃的新生产要素，驱动实体经济在生产主体、生产对象、生产工具和生产方式上发生深刻变革。开展数据治理领域的理论研究及实践探索，探寻数据治理理论方法体系及实践应用机制，有助于充分发挥我国海量数据和丰富应用场景优势，对于提升政府治理能力、增强经济发展动能、推动实现高质量发展具有重要意义。

政务数据与社会数据对接利用是数据治理领域的一个新命题，是多源异构数据治理的集中体现，具有数据来源广、数据类型多、数据体量大等显著特点。英文文献检索显示，由于体制机制等因素制约，国外关于政务数据与社会数据的研究，主要局限于政府数据开放、政府向企业共享数据以及智慧城市建设中的数据共享应用等方面，关于政务数据与社会数据对接利用的研究，文献较少提及。中文文献研究发现，近年来政府数据共享开放实践及理论研究日益增多，成为数据治理领域的热点议题，但针对政务数据与社会数据对接利用的研究，尚未形成体系。

开展政务数据与社会数据对接利用研究，是深入实施国家大数据战略、加快建设数字中国的实践需要。一方面，随着2017年以来国家政务信息系统整合共享工程的推进实施，政府部门间的"数据孤岛"被打通，实现了跨部门、跨系统、跨地区以及跨层级政务数据的共享及利用。另一方面，随着5G、大语言模型等技术普遍应用，互联网、物联网等产生的大量社会数据正深刻改变人们的生产生活方式，成为推动社会进步和个体决策的关键力量。如何破除政务数据与社会数据间的"数据壁垒"，成为促进经济社会高质量发展的重大议题。为贯彻落实习近平总书记关于"统筹规划政务数据资源和社会数据资源""加快公共服务领域数据集中和共享，推进同企业积累的社会数据进行平台对接"[①]的指示要求，各部委、各地方加快推动政务数据与社会数据共享利用工作，开展了一系列实践探索，吹响了政务数据与社会数据对接利用的号角。2020年12月，国家发展改革委等四部委联合印发实施《关于加快构建全国一体化大数据中心协同创新体系的指导意见》，明确提出要"促进政企数据对接融合"。推动政务数据与社会数据对接利用，有助于多源异构数据融合价值的倍增释放，不断提升我国数据共享开

---

① 《习近平：实施国家大数据战略加快建设数字中国》，http://www.cac.gov.cn/2017-12/09/c_1122084745.htm，2023-12-13。

放水平和创新利用能力，进一步增强数字经济时代国家竞争力。开展政务数据与社会数据对接利用研究，具有紧迫的现实意义，也是新时代赋予的新使命。

当前，我国政务数据与社会数据研究及实践的特点是，实践探索日益丰富并不断深化，而理论研究则相对滞后。实践层面，国家相关部委与企业、地方政府与企业在协同推进政社数据对接利用方面，取得了积极进展，涌现了一批成功案例。理论层面，尽管近年来政社数据对接利用已引起学界的关注，但总体来看，理论研究落后于实践应用的问题依旧突出，具体体现在缺乏政务数据与社会数据对接利用的运行机制及实现路径研究，实践工作还处于"摸着石头过河"的状态，亟待科学的理论指导及方法支持。本书聚焦政社数据对接利用实践中亟须解决的运行机制及实现路径问题，着力探寻有效的对接利用理论指导与技术实现方式，进一步开展模型构建、验证及实践应用等研究，旨在为政社数据对接利用提供新理论、新模型、新机制和新路径。

本书分为研究概览、论"道"（探寻理论依据）、论"法"

（构建分析模型）、论"术"（厘清运行机制）、论"器"（明确实现路径）、结论与建议六章。研究概览章，主要介绍政社数据对接利用的研究背景，梳理国内外关于政社数据对接利用研究的进展情况及存在问题，界定政社数据对接利用的范畴，明确全书的总体研究脉络。论"道"章，总结目前数据治理领域常用的研究理论，将协同创新理论及公共价值理论作为基础指导理论，创新提出数据治理领域的新理论——协同价值论，为推导政社数据对接利用的分析方法、运行机制、实现路径，纵向打通从理论到实践的研究闭环奠定理论基础。论"法"章，依托所提出的协同价值论，构建了"三体两向"分析方法模型，并进一步开展定性及定量分析验证工作。论"术"章，提出"三螺旋"运行机制模型，明确谁来运行、运行什么、运行流程及运行目标等议题。论"器"章，构建了"3×3"矩阵式实现路径模型，为政社数据对接利用提供有效操作工具，回答政社数据对接利用"谁来做、做什么、如何做"的问题，明确各利益主体应该关注哪些环节、哪些问题，采取哪些具体措施，如何有步骤、有计划地推进工作，并在 X 市人才大数据和 Y 省大数据治理两个案例中进行应用验证。结论与建议章，提出了未来重点研究方向及下一步推进建议。

观照实践，启迪新知。本书的研究主旨是为数据治理探寻有效的理论方法体系及实践应用路径，开启数据治理领域新的研究方向。本书命名为"新论"，就是期望通过新思路、新体系、新模式去探索实践新空间，努力做到"四新"：一是开拓理论创新"新思路"，将协同创新理论与公共价值理论融合应用到政社数据对接利用领域，拓展了两个理论的应用广度和深度，为两个理论在数字经济时代创新发展提供新思路，探寻了政社数据对接利用的理论依据，为提出数据治理领域的新理论——协同价值论，提供了理论与实践层面的有力支撑。二是开创系统治理"新体系"，基于协同创新理论和公共价值理论的有机结合，完成了从理论假定、分析方法、对接机制、运行机制、实现路径的研究，从理论到实践的分析推演以及从实践到理论的印证研究，形成了体系化的政社数据对接利用研究成果。三是开辟方法研究"新模式"，在验证"3×3"实现路径模型时，采用了事前、事中的案例研究法，为地方提升大数据治理能力提供了参考指导，探索了政社对接利用的事前案例分析新模式，并对其与事后实践案例进行联合研究，丰富了案例研究的基础方法及具体路径。四是开启实践应用"新空间"，研究形成的"3×3"矩阵式政社数据实现路径模型，为政府、企业及社会各方协同开展政社数据实践提供有效分析工具及操作要求，为实践层面如何选择建设模式、分析对接利用类型、判断数据价值实现提供参考借鉴。

第一章

研究概览

第一节　数据治理领域的新议题

一、研究背景

"数据壁垒"是数据治理领域的"顽疾"，是制约我国大数据事业发展的"老大难"问题，也是我国加快发展数字经济、推进数字政府建设的瓶颈。数据共享利用难问题，不仅存在于政府部门内部，也植根于政府、企业及社会之间，而且后者由于涉及的主体更多、数据类型更复杂，共享利用难度更大。在促进政务数据共享利用基础上，加快推动政务数据与社会数据融合治理，成为提升数据治理体系和治理能力现代化的一项重要任务。

为消除政府部门之间、政府与社会之间的"数据壁垒"，近年来国家层面相继出台了系列政策文件，启动实施了一批重大工程。工业和信息化部 2016 年发布《大数据产业发展规划（2016—2020 年）》，提出要推动政府数据与企业数据融合。2017 年 7 月起，我国政府启动实施政务信息系统整合共享工作，打通了政府部门间的"信息孤岛"，实现了跨部门、跨层级、跨地区的政务数据共享利用。在此背景下，如何破除政务数据和社会数据之间的"数据壁垒"，成为深入推动数据共享利用、促进数据要素价值释放的重大战略议题。2017 年 12 月，习近平总书记在中共中央政治局第二次集体学习时，明确提出要统筹规划政务数据资源和社会数据资源，加快公共服务领域数据集中和共享，推进同企业积累的社会数据进行平台对接，为我国加快推进政社数据对接利用指明了方向。2020 年 12 月，《关于加快构建全国一体化大数据中心协同创新体系的指导意见》提出，在进一步深化政务数据共享共用基础上，促进政企数据对接融合，通过开放数据集，提供数据接口、数据沙箱等多种方式，鼓励开放对于民生服务、社会治理和产业发展具有重要价值的数据，探索形成政企数据融合的标准规范和对接机制。2022 年 6 月，国务院印发《关于加强数字政府建设的指导意见》，提出要加强对政务数据、公共数据和社会数据的统筹管理。2022 年 12 月，中共中央、国务院印发《关于构建数据基础制度更好发挥数据要素作用的意见》，围绕公共数据、企业数据及个人信息数据推进数据确权授权。当前，我国正在加快完善数据要素市场化配置机制、构建数据基础制度体系①，如何在实践中助力政府、企业及社会各方开展政务数据与社会数据对接利用，有效推动数据对接利用工作落地，将数据治理理念转化为实践成效，成为亟待研究解决的关键议题。

二、实践探索

促进政务数据与社会数据平台化对接及其融合利用，是提升我国政府数字治理能力的必然要求，成为打造数据强国的重要战略支点。② 政务数据与社会数据依托大数据平台进行内在的、紧密的、持续的关联，不仅能让各数据

---

① 《习近平主持召开中央全面深化改革委员会第二十六次会议强调 加快构建数据基础制度 加强和改进行政区划工作 李克强王沪宁韩正出席》，载《人民日报》，2022-06-23。
② 郭明军、童楠楠、王建冬：《政务数据与社会数据共享利用中存在的问题及应对举措》，载《中国经贸导刊》，2019（12）。

源重新构成一个数据集群并不断集聚壮大，而且能通过数据结构自我优化催生新的数据形态[①]，从而提升数据的含金量，增强数据价值释放能力，为提升政府治理能力及促进数字经济发展提供强大驱动力。**一是提升政府治理能力的必然要求。** 数据能够促进政府自身的数字化变革乃至社会变革及管理方式创新，通过数据手段重构政府与社会的关系，形成新型政府治理模式。[②] 随着数字化转型的加速，单一数据源已无法满足应对日益复杂问题的需求，政府治理的关键在于整合多数据源、创新公共管理模式[③]，促进政务数据与社会数据对接利用，成为政府提升数字治理能力的关键抓手。**二是建立新型经济体系的本质要求。** 政务数据与社会数据作为属性不同、类型不同的两类数据，两者的融合共

---

① 大数据战略重点实验室：《块数据2.0：大数据时代的范式革命》，100~101页，北京，中信出版集团，2016。

② Dunleavy P., Margetts H., Bastow S., et al., *Digital Era Governance: IT Corporations, the State, and E-Government*, Oxford, Oxford University Press, 2006: 226.

③ Milakovich M., "Anticipatory Government: Integrating Big Data for Smaller Government," Conference on Internet, Politics Policy 2012: Big Data, Big Challenges, Oxford, 2012.

享及开发利用，将会产生"1+1>2"的集聚效应，释放巨大的经济价值。麦肯锡咨询公司通过研究不同地域的医疗保健、公共部门管理、零售、制造业、个人定位数据等，证明了在保持相同的产出水平前提下，大数据不仅可以提高效率，而且可以减少投入。[①] 充分发挥数据要素价值及创新引擎作用，成为构建全国统一的超大规模数据要素市场的基本内容和核心要素，有助于做强做优做大数字经济，推进形成以数据驱动为主要特征的现代化经济体系。**三是增强民生服务能力的内在要求。**推动政务数据与社会数据对接利用，能够为民生服务提供有效的数据支撑，提升公共服务均等化、普惠化、便捷化水平，成为数字经济时代满足人民日益增长的美好生活需要的新手段。近年来，广东、浙江、上海、山东、河南、重庆等地积极依托各类大数据治理平台，开展政务数据与社会数据的对接应用，从"只进一扇门"到"最多跑一次"，从"一网通办"到"粤省事""渝

---

① Mckinsey Company, "Big Data:the Next Frontier for Innovation, Competition, and Productivity," http://www.mckinsey.com/.../Technology%20and%20 Innovation/Big%20, 2023-12-13.

快办"等，疏通了政务服务"最后一公里"。通过打破部门间、地区间"数据壁垒"，促进更多民生服务事项"一网通办"，推动更多便民惠企服务事项"一站式"办理和"不见面"审批，有效解决了企业和群众办事难、办事慢、办事繁等问题。

近年来，国家发展改革委、工业和信息化部、海关总署、交通运输部、国家市场监管总局等部门积极推动包括企业数据在内的社会数据共享利用，取得了显著成效。国家发展改革委下属的事业单位国家信息中心等机构积极与相关部委开展数据共享利用，通过直接获取数据、获取脱敏加工后的数据、以算法模型在数据库内运算所得的数据，为国家有关部门的决策提供了强有力的数据支撑。在与互联网企业、大数据公司及地方政府协同开展数据治理时，通过互联网数据、企业数据与部委数据、地方政府数据的对接融合，为地方创新发展大数据产业提供了有效支撑，形成了一批典型应用实践。

与此同时，为提升地方政府数据治理能力、促进数字经济快速发展，各地政府都在积极推动多源异构数据的共享利用，并且取得了良好成效。其中，山东的"一贷通"、贵州的"精准扶贫"、广州的电子身份认证、广西"桂建通"、福建"单一窗口"等，均为政社数据对接利用的典型案例。面向具体业务场景，推动政务数据与社会数据的汇聚共享、开发利用，成为地方政府推动数据治理工作的重要抓手。近年来，随着互联网巨头掌握的数据越来越多，腾讯、阿里巴巴、京东、滴滴、美团、浪潮、中国联通等公司通过自建大数据平台，将自有数据与政府数据共享融合，为群众和企业办事提供了便利，为地方培育壮大大数据产业提供了支持，如腾讯在广东成功开展了微信身份证认证，阿里巴巴与浙江共建城市数据大脑解决交通拥堵问题，京东与苏州市政府合作共建大数据产业生态圈，都不同程度地将企业自有数据、互联网公开数据和政府数据进行了对接融合，探索形成了可复制、可推广的实践经验。

三、存在问题

数据质量良莠不齐、标准不统一、汇聚能力不足、管控能力较弱、开放形式不完善、数据安全难以保证等问题，是目前数据治理领域存在的共性问题。一些学者从政府大数据治理角度进行了研究，认为应用协同机制不健全[1]、机制体制不到位[2]，是目前数据治理的难点。关于政社数据对接利用存在的问题，有学者从对接机制缺失、对接范围不广、对接数据不足、对接应用不深四方面，总结了国内政务数据和社会数据对接共享存在的普遍问题。[3]结合目前推动政社数据共享融合、对接利用的新形势，可将目前我国政务数据与社会数据对接利用存在的堵点、难点，概括为"缺、散、低、差"。

缺，即缺少实践操作指引。促进政社数据对接利用的相关政策、法律、条例、规章、指引和办法还不完善，目前政府部门间、政企间关于政社数据共享对接的协调机制相对欠缺，缺少成熟的对接利用运行机制及实现路径，难

---

① 杨玲：《大数据视域下地方政府治理创新研究》，硕士学位论文，西南大学，2020。

② 章丽丽：《地方政府行政审批制度改革中的数据共享问题研究——以 W 市"最多跑一次"改革为例》，硕士学位论文，西北大学，2019。

③ 郭明军、童楠楠、王建冬：《政务数据与社会数据共享利用中存在的问题及应对举措》，载《中国经贸导刊》，2019（12）。

以全面高效地推动政社数据共享对接及融合利用。

散，即政社数据存在壁垒。我国数据治理领域仍然存在"条块分割、烟囱林立"等问题，这些问题既存在于政府部门间，也存在于政府与社会之间，数据分散在各自系统内部，难以有效开展跨部门、跨层级、跨系统的汇聚共享融合，更难以实现真正的多源异构数据开发利用。

低，即政社协同动力不足。随着政社数据治理主体日趋多元化，往往需要政产学研用多方协同配合才能完成对接利用。由于政社数据利用的激励和评价机制设计缺失，难以调动各主体共享开放数据的积极性和主动性，影响了多源数据的共享利用，加之一些政社数据利用短时间内难以直接体现为政府绩效和企业经济效益，故而难以真正调动各方参与积极性。

差，即数据质量较差。数据质量管理是制约政社数据对接利用的难点之一，由于政社数据来源于各级政府数据平台、企业数据平台，各平台对政社数据对接利用的重视程度不高，缺少统一的数据治理标准，在对多源数据进行关联时，经常出现数据缺失、数据重复、数据不一致、数据难聚合等突出问题，导致工作效率较低，增加了跨层级、跨平台的数据共享对接难度。

为梳理政社数据对接利用现状及存在的难点、痛点，我们以政府数据、企业数据为主要研究对象，通过问卷调研、座谈交流及入户访谈等方式，对国内大数据、信息技术、能源、金融、生物医药等领域 30 多家代表性企业进行了调研，了解企业对政务数据的需求以及对政府部门的建议。调研发现，我国政府和企业数据对接利用中有两方面问题较为突出：一是政府难以获得企业数据。一些互联网企业虽然掌握着海量数据资源，但将其视为自身核心竞争力，对于向政府提供数据共享方面，大多数企业表现不积极，企业数据向政府开发共享的机制尚未建立。二是企业难以获得生产经营所需要的政务数据。调研数据显示，80%的访谈对象明确提出对政府数据的具体对接需求，但通过现有数据共享开放平台能够获取的政府数据不到 10%。

第二节　数据治理领域的综合体

政务数据与社会数据是重要的数据分类方式，是最为基础的数据类型"两分法"。在此基础上，为便于理论研究及实践探索，也有更为细化的分类方法，比如，在不同的场景下，有政府数据、公共数据、企业数据、商业数据、个人数据等细分类别。总体看，各类数据细分类型，均可包含在政务数据与社会数据两大类之中。

一、政务数据相关概念辨析

关于政务数据的概念，目前学界尚未明确定义。多数情况下，会将政务数据类同于政务信息或政府数据。在文献中，与"政务数据"相近的概念有"政务信息""政府信息资源""政府数据""政府信息"等。有学者认为，"政务数据"与"政府数据""政务信息"含义基本一致，基本可以等同使用[①]，但也有专家指出，三个概念存在一些差异。

①　李广乾：《政府数据与政府数据整合》，载《中国经济报告》，2020（1）。

　　有关政务信息的内涵，政策文件中出现得比较多。《政务信息资源共享管理暂行办法》及《中华人民共和国政府信息公开条例》，对政务信息资源和政府信息给出了权威定义，两者概念范畴基本一致，均是指政府部门在履职过程中制作或获取的文件、资料、图表及其数据等各类信息资源。为研究方便，有些学者认为政务信息可以替代政务数据。

　　关于政府数据，我国学者进行了大量研究。李绪蓉等根据数据产生的部门，将政府数据分为政府内部数据及政府外部数据，前者均属政府数据，后者仅包括对政府活动、公共事务及民众有影响的数据。[1] 王芳等将政府数据分为三类：第一类与李绪蓉分法一致；第二类是政府下属事业单位所产生的数据，比如供电、供水、供暖等数据；第三类是政府在法律允许下获取的公众通话记录、企业财会信息。[2] 孟庆国将公安数据、计生数据、民政数据、人社数

---

[1]　李绪蓉、徐焕良：《政府信息资源开发与管理》，北京，北京大学出版社，2005。

[2]　王芳、陈锋：《国家治理进程中的政府大数据开放利用研究》，载《中国行政管理》，2015（11）。

据、教育数据、国土数据统一称为政府数据。[①] 王蕤认为政府数据是政府部门行使行政管理职权的核心资源，并将其分为原始数据以及经过算法加工处理的衍生数据。[②] 以上学者着重论述了政府数据的内涵，但并未与政务数据概念进行区分。一般而言，他们所说的政府数据与政务数据的范畴大体一致。

针对政务数据的内涵，一些学者进行了研究。比如，鲍静、康振国等关于政务数据的定义与政策文件保持一致。[③] 最常用、最典型的政务数据即户籍数据、交通数据、公积金数据、社保医保数据、科技文化教育数据、医疗卫生数据、金融数据等。张鹏等从数据资产定价视角，将政务数据分为四类：一是"政府业务数据"，如生产建设领域

[①] 孟庆国：《云上贵州——贵州省大数据发展：探索与实践》，67~68 页，北京，清华大学出版社，2016。

[②] 王蕤、张妮、吴志刚：《算法规制与权利生产：政府数据确权的反向路径》，载《电子政务》，2021（2）。

[③] 鲍静、张勇进：《政府部门数据治理：一个亟需回应的基本问题》，载《中国行政管理》，2017（4）；康振国：《政务数据共享绩效评价及优化路径研究》，硕士学位论文，内蒙古大学，2020。

数据，城市基建数据，交通设施数据，资源类、税收类、财政类数据，教育数据等；二是人口普查数据、经济普查数据、金融监管数据、反洗钱监测数据、食品药品监管数据等；三是通过物理设备采集的气象、环境、影像等数据；四是"分散性公共数据"，如科研机构、数据开放企业等掌握的与政府履行职能、实施公共决策相关的海量数据。[①]任泳然也从分类角度对政务数据进行了定义，认为政务数据包括医疗数据、教育数据、工业数据、农业数据和天气数据等。[②]地方大数据条例也从政府部门职责角度，对政务数据作出界定，指出政务数据是各级人民政府和有关部门，法律、法规授权履行公共事务管理职能的组织，财政性资金保障的其他机关和单位为履行职责制作或者获取的数据。[③]

---

① 张鹏、蒋余浩：《政务数据资产化管理的基础理论研究：资产属性、数据权属及定价方法》，载《电子政务》，2020（9）。

② 任泳然：《数字经济驱动下政务数据资产化与创新策略研究》，博士学位论文，江西财经大学，2020。

③ 《安徽省大数据发展条例》，载《安徽日报》，2021-04-03。

关于政务数据与政府数据的异同，李广乾的研究范畴更为宏观，他认为政务数据的内涵，在某种程度上与政务信息资源、政府数据类同。[①] 但也有一些专家认为，政务数据与政府数据的范畴不尽相同，是包含与被包含的关系。比如，鲍静等认为，政府数据属于政务信息[②]；而王叁寿则认为，政府数据的范畴更广，政务数据主要指政府办公形成的数据，包括自然而然汇聚的各种数据。[③]

随着大数据概念的兴起，不少学者还研究了政府大数据和政务大数据。赵强等认为政府大数据本质是一个数据集，即不同职能部门及不同层级政府所获取的数据集。[④] 吴善鹏等认为，政务大数据包含自然信息、社会主体信息、社会管理信息及民生消费信息等，即政府将自身的业务数

① 李广乾：《政府数据与政府数据整合》，载《中国经济报告》，2020（1）。

② 鲍静、张勇进：《政府部门数据治理：一个亟需回应的基本问题》，载《中国行政管理》，2017（4）。

③ 《王叁寿：政务数据和政府数据就像"地表水"和"地下水"》，http://zhuanlan.zhihu.cn/p/38317796，2020-01-08。

④ 赵强、单炜：《大数据政府创新：基于数据流的公共价值创造》，载《中国科技论坛》，2014（12）。

据和收集的外部数据进行汇集、治理，开展数据共享交换、开放、交易以及业务协同等。[①] 有研究机构从大数据产业链角度进行了分类，将政务大数据与工业大数据、农业大数据、民生服务大数据、交通大数据、零售大数据、电信大数据并列，统一归入行业大数据范畴。[②] 安小米等从大数据角度，将政府大数据定义为政府在履职过程中产生或获得的海量数据集、数据流、融合数据和链接数据。[③] 杨孟辉等从数据来源角度，认为政府大数据是政府机构通过多种渠道直接或间接收集的来自多个源头的多样性数据。[④]

综上所述，目前学界关于政务数据的内涵界定，存在较大争议，主要表现为其具体范畴与政务信息、政府数据、政务大数据等概念有较大交叉。然而也可以看出，尽

[①] 吴善鹏、李萍、张志飞：《政务大数据环境下的数据治理框架设计》，载《电子政务》，2019（2）。

[②] 中国电子信息产业发展研究院：《2017—2018 年中国大数据产业发展蓝皮书》，4~5 页，北京，人民出版社，2019。

[③] 安小米、郭明军、洪学海等：《政府大数据治理体系的框架及其实现的有效路径》，载《大数据》，2019（3）。

[④] 杨孟辉、杜小勇：《政府大数据治理：政府管理的新形态》，载《大数据》，2020（2）。

管专家的理解有所不同，但并不影响该领域的研究。考虑
到学界对于政务数据的概念存在争论，我们基于已有研究
成果及相关政策文件要求，主要从政府与社会的功能属性
差别，以分类角度对政务数据进行界定，认为政务数据在
级别上包括国家政务数据、各部委政务数据、地方政府的
数据及事业单位的数据等。在领域方面，覆盖经济、政
治、民生、社会治理、生态环境等众多领域数据。从内涵
特征看，政务数据是指各级政务部门在履行职责过程中，
通过信息化技术依法采集、生产、存储、传输、加工、使
用的各类数据资源。政务数据不仅在采集主体上不同于互
联网数据、企业数据、个人数据，而且在权属方面集中体
现了政府主导下的取之于民、用之于民、利企惠民的特征。

二、社会数据内涵及主要类型

社会数据是与政务数据相对应的数据的统称，两者属
性有较大差异。鲍静等认为，社会数据资源是指社会组织
生成的数据资源，主要来自社会各类机构和政务部门履职
所需要的各类数据资源，比如，科研事业单位的科学研究

数据、民间组织掌握的行业数据以及企业掌握的经济社会运行数据等。[①]

关于社会数据的内涵，本研究将其与政务数据紧密对应起来进行界定，是指政务数据之外的其他各类数据，包括政府主体之外的所有社会主体产生或拥有的数据，涵盖企业数据、互联网数据、物联网数据、个人数据及其他第三方数据等。其中，企业数据是社会数据中代表性最强的数据，是政务数据与社会数据对接利用的重中之重；而互联网数据是最易获取、获取成本最低且应用场景最多的社会数据；随着 5G、无人驾驶、人工智能等技术普遍应用，物联网等数据规模迅猛增长，成为社会数据中增长潜力最大的数据；受限于安全隐私等因素，个人数据使用较为敏感，是社会数据中最难直接使用的数据；第三方数据往往是购买的加工处理之后的数据，所以与政务数据的对接利用较为方便。

目前，相关政策文件对数据的分类原则，依据要解决

---

① 鲍静、张勇进：《政府部门数据治理：一个亟需回应的基本问题》，载《中国行政管理》，2017（4）。

的问题以及应用场景不同而各有侧重（见表 1-1）。2022 年
6 月，国务院印发《关于加强数字政府建设的指导意见》，
提出"加强对政务数据、公共数据和社会数据的统筹管
理"，将数据分为政务数据、公共数据和社会数据三类。
2022 年 12 月，中共中央、国务院印发《关于构建数据基
础制度更好发挥数据要素作用的意见》，从数据分类分级
确权授权角度，将数据分为公共数据、企业数据、个人数
据三类。需要指出的是，公共数据的核心特征是具有公益
性、开放性的属性，既包括政务数据中的具有公共属性的
数据，也包括社会数据中具有公共属性的数据，比如，有
研究将水、电、气、暖等公共服务数据列入开放范围，纳
入社会数据。[①] 来源于政府部门数据的公共数据和来源于
社会数据的公共数据，分别按照政务数据和社会数据的范
畴进行对接利用。而企业数据和个人数据，主要归属于社
会数据范畴，按照社会数据的特性进行对接利用。

---

① 宋锴业、徐雅倩、陈天祥：《政务数据资产化的创新发展，内在机制与路
径优化——以政务数据资产管理的潍坊模式为例》，载《电子政务》，2022（1）。

表 1-1　政策文件关于政务数据与社会数据的分类

序号	政务数据	社会数据	政策文件
1	政务数据	社会数据	《习近平总书记关于实施国家大数据战略加快建设数字中国的重要讲话》（2017 年 12 月）
2	政府数据资源	社会数据资源	《关于构建更加完善的要素市场化配置体制机制的意见》（2020 年 3 月）
3	政府数据	企业数据	《关于加快构建全国一体化大数据中心协同创新体系的指导意见》（2020 年 12 月）
4	政府数据	企业数据	《全国一体化大数据中心协同创新体系算力枢纽实施方案》（2021 年 5 月）
5	通信大数据、金融大数据、医疗大数据、应急管理大数据、农业及水利大数据、公安大数据、交通大数据、电力大数据、信用大数据、就业大数据、社保大数据、城市安全大数据		《"十四五"大数据产业发展规划》（2021 年 11 月）
	源自政府部门的数据	源自央国企等的数据	
6	政务数据、公共数据中的政务数据部分	社会数据、公共数据中的社会数据部分	《关于加强数字政府建设的指导意见》（2022 年 6 月）

续表

序号	政务数据	社会数据	政策文件
7	政务数据	社会数据	《全国一体化政务大数据体系建设指南》(2022 年 10 月)
8	公共数据中的政务数据部分	企业数据、个人数据、公共数据中的社会数据部分	《关于构建数据基础制度 更好发挥数据要素作用的意见》(2022 年 12 月)

三、实践应用层面对政务数据与社会数据的诠释

除了学界对政务数据与社会数据的界定之外，一些智库机构和企业在实践层面也对两类数据的内涵进行了研究（见表1-2）。比如，国家信息中心专家按来源将数据分为政府数据、企业数据、个人数据、海外数据等六类。[①]一些企业也结合自身数据资源的特点，对政务数据及社会数据进行了划分。比如，阿里巴巴将数据分为政务数据和社会数据，政务数据是指人口基本信息、出生登记信息、婚姻登

---

① 王建冬、于施洋：《构建国家经济大脑的实践探索与初步设想》，载《数据分析与知识发现》，2020（7）。

记信息、入学登记信息、不动产登记信息等，社会数据包括网购消费数据、出行数据、房屋租赁数据。浪潮公司将数据类比为生产资料，将其分为政府数据（人口信息，工商、税务、教育等信息）、社会数据（企业运营生产数据、科研数据等）、互联网数据（电商数据、传媒数据、社交数据等）、物联网数据（城市感知数据、自然感知数据、公众感知数据）四类。中国移动在线服务有限公司将数据分为政企数据（包括招投标数据、工商数据、舆情数据）、个人大数据（如基本信息、通信行为及消费信息）、客服交互数据（语音信息、图像数据、服务录音、客户信息及通话详单等）。

表 1-2　代表性企事业单位的数据分类

序号	单位	数据分类	分类依据
1	国家信息中心	（1）政府数据主要指国家平台（如全国信用信息共享平台、全国公共资源交易平台、全国投资项目在线审批监管平台等）、各部委平台（如公安、人社、税务、市场监管、民政、教育等）和各地方平台（如北京、上海、广东、厦门等）归集的数据资源；	便于用大数据手段支撑宏观经济监测预测研究

续表

序号	单位	数据分类	分类依据
		（2）企业数据是指企业生产经营全生命周期各类数据，如工商登记注册、就业招聘、投融资、专利、软著等； （3）个人数据主要是指自然人工作生活中产生的各类行为数据，如移动位置、出行、教育、消费、通信等数据； （4）海外数据是指"一带一路"沿线等重点国家基本概况、经济产业、政策法规、规划计划、项目工程、投资贸易、科研机构、企业组织、旅游及文化交流、社会舆情等各方面信息； （5）互联网数据是指互联网公开信息，如新闻资讯、微博、微信、学术智库、电商评论、就业招聘、房产信息等； （6）物联网数据是指从智能硬件设备中获取数据资源，如可穿戴设备、车辆、智能家居、工业控制等数据	
2	阿里巴巴	（1）政务数据包括人口基本信息、不动产登记信息、市民卡信息、驾驶证信息、婚姻登记信息、出生登记信息、户籍登记信息、入学登记信息、参保登记信息等； （2）社会数据包括网购消费数据、出行数据、房屋租赁数据	支持政府打造数据中台

续表

序号	单位	数据分类	分类依据
3	浪潮公司	（1）政府数据包括人口信息，工商、税务、教育等信息； （2）社会数据包括企业运营生产数据、科研数据等； （3）互联网数据包括电商数据、传媒数据、社交数据等； （4）物联网数据包括城市感知数据、自然感知数据、公众感知数据等	为智慧城市建设提供数据支撑
4	中国移动在线服务公司	（1）政企数据包括招投标数据、工商数据、舆情数据等； （2）个人大数据包括个人基本信息、通信行为、消费信息； （3）客服交互数据包括语音信息、图像数据、服务录音、客户信息、通话详单等	面向中国移动政企客户提供服务

四、政社数据对接利用与数据治理

数据治理是一个范畴非常广的概念，一直以来备受学界关注。而关于政务数据与社会数据对接利用的专题性研究相对较少，主要于 2018 年之后才正式开启。从研究内涵上看，政社数据对接利用作为数据治理的一项重要内容，本质上属于数据治理范畴，是数据治理领域中的跨主体、

026

跨系统、跨领域、跨数据源的对接应用，属于难度最大的数据治理形式，是集中体现数据治理的综合体，故而可以认为，政社数据对接利用领域探索形成的新理论、新方法、新模式，对于数据治理也具有指导性。

政务数据与社会数据的对接利用，是指以大数据分析平台为主要载体，以多源异构数据平台化汇聚为基础，以政产学研用多主体协同配合为特征，通过数据的加工处理、共享融合、开发利用等全生命周期的治理活动，充分释放数据价值，发挥数据在政府决策支撑、便民惠企服务、产业创新发展过程中的重要作用。政社数据对接利用，是数据治理领域涉及主体最多、治理难度最大的多源异构数据治理形式，整个对接利用过程体现了三大协同：一是"三体"协同，即载体（数据分析平台）、客体（多源异构数据）、主体（政产学研用多方）的有机协同；二是"双链"协同，即数据采集汇聚、清洗加工、共享开放及开发利用等数据链与数据价值释放的价值链的有机协同；三是"两性"协同，即利用数据治理平台开展数据治理的工具属性，与数据服务经济社会发展的价值属性的有机协同。

第三节 呼唤新的理论方法体系

随着近年来对政社数据开发利用重视程度的提升，针对性的研究也逐步成为热点，在理论层面产生了一些初步研究成果。但总体来看，政务数据与社会数据对接利用的理论研究仍不深入，目前处于概念界定及推断性方面的探索阶段，缺乏系统性理论研究。学者所使用的理论，主要有协同创新理论、公共价值理论、价值链理论、本体论等。

一、理论方面的研究概述

美国推动政府数据与社会数据共享利用的相关工作，可追溯到 20 世纪 70 年代，美国联邦政府通过搜集政府部门业务数据、公民民意数据及自然环境数据，将各类数据的共享分析作为应对科技问题及挑战的重要方式。[①] 英国非常重视个人数据和敏感数据安全，在确保安全的前提下，

① 涂子沛：《大数据》，54~56 页，桂林，广西师范大学出版社，2012。

通过开放政府数据，促进与企业、科研部门及社会力量建立良好合作关系。[①] 总体来看，国外研究还未将政社数据共享利用作为一个专题，相关研究还分散于数据开放、数据治理、智慧城市建设等范畴，多数研究围绕如何在具体实践中产生数据价值展开，没有为政社数据研究提供一个可行的研究理论。国内关于政社数据对接利用的专题研究，兴起于 2018 年。在此之前，相关研究主要归属于政府数据开放、数据治理、智慧城市建设等范畴，并未单独作为一个专门研究主题。在此之后，关于政社数据对接利用的研究逐渐增多，在理论方面更加青睐协同创新理论和公共价值理论。

（一）协同创新理论

安小米等以协同创新理论为指导，从"主体、活动、要素、服务"四个维度，提出了主体联盟、活动联通、要素联结、服务联动的数据资源管理机制，为政府开展数据

---

① 张晓、鲍静：《数字政府即平台：英国政府数字化转型战略研究及其启示》，载《中国行政管理》，2018（3）。

资源管理提供参考。[①] 马广惠等基于协同创新理论，围绕治理主体、治理客体及治理工具三维度，对大数据汇聚、融合、应用进行了案例研究。[②] 郭明军等融合了协同创新理论和公共价值理论，通过案例研究构建了政社数据对接利用的分析模型，进而通过定量分析构建了数据的三类协同价值。[③] 胡海波等认为，政府数据治理具有协同性，需要政府与企业、机构、社会组织共同建设。[④] 张会平等从数据认可、协商、同步、反馈等方面，构建了数据协同机制。[⑤] 夏义堃提出要加强政府数据生态建设，促进政府数据与企业

[①] 安小米、郭明军、魏玮等：《建立健全国家数据资源管理体制机制研究》，2018。

[②] 马广惠、安小米：《政府大数据共享交换情境下的大数据治理路径研究》，载《情报资料工作》，2019（2）。

[③] 于施洋、郭明军、王建冬等：《政务数据与社会数据平台化对接研究——模型构建与案例验证的视角》，载《情报理论与实践》，2020（5）；郭明军、于施洋、王建冬等：《协同创新视角下数据价值的构建及量化分析》，载《情报理论与实践》，2020（7）。

[④] 胡海波、娄策群：《数据开放环境下的政府数据治理：理论逻辑与实践指向》，载《情报理论与实践》，2019（7）。

[⑤] 张会平、杨国富：《"互联网＋政务服务"跨层级数据协同机制研究——基于个人事项的社会网络分析》，载《电子政务》，2018（6）。

数据及社会数据的共享融合，推动形成治理主体多元化、治理视角多维化及治理方式多样化。[①]赵淼基于系统耦合理论，探析政府数据治理中政府和企业的关联与相互作用关系，对数据治理中政企合作模式进行分类和分析。[②]

（二）公共价值理论

将公共数据价值运用到数据治理领域，是国内外学者高度关注的内容，并在数据价值实现方面形成了高度共识。Wang X. H. 等将数据与公共价值密切关联，认为政务大数据应用的根本目的是通过数据分析释放数据的公共价值。[③]Kalampokis E. 等从开放角度研究了政务数据与非政府数据，认为两者经过融合统一，可以通过多源数据开发利用促

① 夏义堃：《政府数据治理的国际经验与启示》，载《信息资源管理学报》，2018（3）。

② 赵淼：《政府数据治理中的政企耦合机理研究——以内蒙古为例》，硕士学位论文，内蒙古大学，2020。

③ Wang X. H., Zhang D. Q., Gu T, et al., "Ontology Based Context Modeling and Reasoning Using OWL," in *Proceedings of the Second IEEE Annual Conference on Pervasive Computing and Communications Workshops*, Washington DC:IEEE Computer Society, 2004:18.

进数据价值的递增。[①] 欧盟委员会 2020 年 2 月发布的《欧洲数据战略》指出，政务大数据应用的最终目标是利用数据造福社会，提升生产效率、构建自由竞争市场及改善公民健康。[②]

在国内，赵强等认为，政府利用大数据可以解决公共安全、公共危机管理、智能交通、公共卫生、工作就业等领域的许多公共治理难题。[③] 王晓明提出，政府应促进医疗健康、食品卫生、道路交通等政务数据与社会舆情数据集、微博微信数据、社交网络数据等对接利用，从而为社会治理能力提升提供数据支撑。[④] 李季等提出，政府数据要与互联网数据相结合，通过大数据分析辅助支撑政府决

[①] Kalampokis E., Tambouris E., Tarabanis K., "Open Government Data: A Stage Model," https://link. springer. com/chapter/pdf/10. 1007/978-3-642-22878-0_20. Pdf.2018-04-19, 2023-12-14.

[②] 《欧洲数据战略》，http://www.163. com/dy/article/F83LQTJQ0511BH10. html，2023-12-13。

[③] 赵强、单炜：《大数据政府创新：基于数据流的公共价值创造》，载《中国科技论坛》，2014（12）。

[④] 王晓明：《发达国家推行大数据战略的经验及启示》，载《学习与探索》，2014（12）。

策。^①张会平等进一步研究发现，政府部门和公共部门通过运用各类数据，能够有效平衡参与主体的价值取向。^②崔佳佳等研究"一贷通"数字金融服务平台，分析了其通过实现2亿条政府数据和20余万户企业的相关数据对接利用，为9000多家中小微企业解决了融资难问题。^③张会平等应用公共价值管理研究范式，分析了面向公共价值创造的城市公共数据治理逻辑，并应用到我国城市公共数据治理的实践研究中。^④许晓东等提出，基于大数据的公共价值决策是推进公共管理部门治理能力提升的重要方式。^⑤

① 李季、杜平：《中国电子政务发展报告（2015~2016）》，163~164页，北京，社会科学文献出版社，2016。

② 张会平、李茜、邓琳：《大数据驱动的公共服务供给模式研究》，载《情报杂志》，2019（3）。

③ 崔佳佳、郭明军、蔡城城等：《融合多源数据 破解融资难题》，载《中国经贸导刊》，2019（16）。

④ 张会平：《面向公共价值创造的城市公共数据治理创新》，载《行政论坛》，2020（1）。

⑤ 许晓东、彭娴、芮跃锋等：《基于大数据的公共价值决策模式研究》，载《管理学报》，2020（1）。

（三）价值链理论

大数据价值链理论将大数据治理分为有机统一的数据加工处理环节，认为无论是数据获取存储还是分析应用，每个环节都对价值创造有一定影响。[1]张会平等研究了政务数据治理的内在逻辑，构建了政务数据汇聚、分析及利用的价值链模型。[2]郭斌等将价值链分析框架用于政府数据治理研究领域，以政府数据内涵分析为基础构建了政府数据治理价值链模型，为政府数据价值创造提供了分析工具。[3]张影等也从价值链角度，研究了数据治理及数据价值释放。[4]

（四）本体论

国内一些学者也使用本体论对数据治理进行研究，但近年来本体论的使用频率较低。钱国富基于本体论研究视

---

[1]　向阳、王敏、马强：《基于 Jena 的本体构建方法研究》，载《计算机工程》，2007（14）。

[2]　张会平、郭宁、汤玺楷：《推进逻辑与未来进路：我国政务大数据政策的文本分析》，载《情报杂志》，2018（3）。

[3]　郭斌、蔡静雯：《基于价值链的政府数据治理：模型构建与实现路径》，载《电子政务》，2020（2）。

[4]　张影、高长元、何晓燕：《基于价值链的大数据服务生态系统演进路径研究》，载《情报理论与实践》，2018（6）。

角，分析了政府数据的关联性问题，通过关联数据标准将政府数据开发规范成数据本体，以便实现与其他类型数据的关联融合。[①] 连玉明分析了各类数据聚合问题，研究提出了"块数据"理论，认为各类数据关联度越高，聚合能力就越强，数据价值就越大。[②] 针对大数据安全靶场威胁建模的实际需求，钱晓斌等研究了基于本体论的大数据安全靶场威胁模型设计方法，解决了本体分类完备性、本体关系完备性和本体分类层次化等问题。[③]

二、机制方面的研究概述

关于政务数据与社会数据对接利用研究，国外虽然起步较早，但缺乏对接机制及实践模式方面的研究。近几十年来，以欧美为代表的西方国家，对于政务数据与社会数据对接利用的研究，主要局限于政府数据开放领域，比如

---

① 钱国富：《基于关联数据的政府数据发布》，载《图书情报工作》，2012（5）。

② 连玉明：《大数据1606》，23～24页，北京，团结出版社，2016。

③ 钱晓斌、肖凡：《基于本体论的大数据安全靶场威胁模型设计方法》，载《中国高新科技》，2021（22）。

水、电、交通、公共服务等领域数据向企业开放，由企业进行数据加工分析，而政府数据与社会数据对接利用案例较少，还未深入政社数据对接机制及模式层面的研究。在欧盟，无论是《数据法案（2021）》《欧盟海运单一窗口条例》《电子货运信息条例》[①]，还是《战略性部门和公共利益领域中的欧盟共同数据空间》[②]，虽然都提到了企业与政府部门的数据交换，但对于如何交换、通过什么机制进行，并未作阐述。国外关于数据治理模型的研究，大多是强调企业数据治理，而较少考虑政企数据对接融合的治理，重点研究企业如何通过提升数据治理来管控风险、降低成本、增加收益、实现价值。比如，国际信息系统审计与控制协会提炼的 ISACA 数据治理模型[③]、英国高等教育

---

① 《欧洲数据战略》，http://www.163.com/dy/article/F83LQTJQ0511HB10.html，2023-12-13。

② 《战略性部门和公共利益领域中的欧盟共同数据空间》，http://www.199it.com/archives/1023289.html，2023-12-14。

③ "ISACA Data Governance Overview," https://www.isaca. org/chapters3/Atlanta/AboutOurChapter/Documents/GW2014/Implementing%20a%20Data%20Governance%20Program%20- %20Chalker%202014.pdf, 2023-12-14.

统计局提出的 HESA 数据治理模型[①]、加拿大计算机软件公司 Mustimuhw Information Solutions 总结的数据治理螺旋模型[②] 以及美国软件与咨询公司 Information Builders 构建的数据治理简易模型[③]，均只研究了企业数据的治理模型及流程。

国内关于数据对接利用机制的研究，主要侧重于分类角度、加工利用等视角。侯人华基于服务主体、服务内容、服务对象等角度，将政府数据和社会数据对接方式分为"自助－集成""参与－开放""合作－创新"三种服务模式。[④] 于施洋等基于大数据视角，将政府信息服务创新分为政府业务大数据、用户行为大数据及互联网用户舆情

① "HESA Data Governance," https://www.hesa.ac.uk/support/tools/data-capability/signposting/governance, 2023-12-14.

② Mustimuhw Information Solutions Inc, "Data Governance Framework," https://static1.squarespace.com/static/558c624de4b0574c94d62a61/t/558c75a5e4b0391692159c81/1435268517023/BCFN DGI Data Governance- Framework.pdf, 2023-12-14.

③ "Seven Steps To Effective Data Governance," https://www. whitepapers. em360tech.com/wp- content /files_mf/white_paper/wp_iway_7steps.pdf, 2023-12-14.

④ 侯人华：《政府数据公共服务模式研究》，载《情报杂志》，2014（7）。

大数据三类。[①] 王卫等认为，政府数据开放活动由政府、企业、个人等利益相关者共同参与，可分为政府主导、社会需求、商业化三种合作模式。[②] 鲍静等通过调研分析，证明了政府部门可以通过与企业联合提供协同数据服务，不断创新外部服务治理新形态。[③] 熊磊将政府委办局数据、社会众包数据、互联网数据及企业数据作为研究对象，通过智慧政务大数据统一平台进行统一分析处理，从而为上层智慧应用提供数据支撑。[④] 袁博等从国家及城市层面研究了数据共享平台的对接联通问题，建议建立政企协同机制以促进各类数据资源对接共享。[⑤]

[①] 于施洋、王建冬、童楠楠：《大数据环境下的政府信息服务创新：研究现状与发展对策》，载《电子政务》，2016（1）。

[②] 王卫、王晶、张梦君：《活动理论视角下政府数据开放模式研究》，载《情报理论与实践》，2019（6）。

[③] 鲍静、张勇进：《政府部门数据治理：一个亟需回应的基本问题》，载《中国行政管理》，2017（4）。

[④] 熊磊：《智慧政务大数据统一平台解决方案》，载《信息技术与标准化》，2018（Z1）。

[⑤] 袁博、李雨霏、闫树：《系列解读 | 推动数据要素市场化配置的四大关键举措》，载"中国信通院 CAICT"微信公众号，2020-05-07。

以上研究虽然涉及了数据共享利用的机制问题，但是也存在两个不足：一是没有将政务数据和社会数据对接利用作为专门研究对象；二是研究只涉及了服务模式、分类研究、技术支撑等，并未深入研究政社两类数据对接利用的机制，无法有效指导各主体协同开展政社数据对接利用。为此，2019 年以来，有学者对政社数据对接利用进行了专题研究，通过案例分析方式，研究提出了政务数据与社会数据平台化对接机制[①]，分析了政企数据融合利用的演进历程，提出多元主体、多源数据的作用机制[②]。

三、实现路径的研究概述

实现路径是从理论指导到实践应用的核心环节，是开展大数据治理的具体实施举措，是大数据治理体系、治理机制的落地应用。国外关于政务数据与社会数据的对接利

[①]　于施洋、郭明军、王建冬等：《政务数据与社会数据平台化对接研究——模型构建与案例验证的视角》，载《情报理论与实践》，2020（5）。
[②]　郭明军、王建冬、安小米等：《政务数据与社会数据平台化对接的演进历程及政策启示》，载《电子政务》，2020（3）。

用研究，主要局限于政府数据开放领域，更多是关于大数据治理的内涵[1]、治理内容框架[2]以及治理工具[3]等方面，缺少具体的实践应用路径方面的研究。与政社数据对接利用实现路径研究相对接近的是数据治理领域的路径研究，目前主要局限于政府数据领域，而融合政务数据、社会数据的研究相对较少，仅涉及了理念设计、模型构建、案例分析等方面，还未深入实现路径层面。

---

[1] Khatri V., Brown C. V., "Designing data governance," *Communications of the Acm*, 2010, 53(1): 148-152; Otto B., "Data governance," *Business & Information Systems Engineering*, 2011, 3(4): 241-244; Brous P., Janssen M., Vilminko-Heikkinen R., "Coordinating decision-making in data management activities: a systematic review of data governance principles," in *Electronic Government: 15th IFIP WG 8.5 International Conference*, EGOV 2016, Guimarfies, Portugal, September 5-8, 2016, Proceedings: 115-125.

[2] Weber K., Otto B., Osterle H., "One size does not fit all-a contingency approach to data governance," *Journal of Data and Information Quality*, 2009, 1(1):1-27; Soares S. *The IBM Data Governance Unified Process: Driving Business Value with IBM Software and Best Practice,*MC Press Online, LLC, 2010.

[3] Tallon P., "Corporate Governance of Big Data: Perspectives on Value, Risk, and Cost," *IEEE Computer,*2013,46(6):32-38; Malik P., "Governing Big Data: Principles and Practices," *IBM Journal of Research and Development,*2013,57(3/4):1-13.

（一）理念设计方面

安小米等从数据资产管理意识、数据资源利用体系、数据决策分析方式、数据资本运作模式及数据资源作用方式等方面，探索了数据资源协同创新路径。[①] 马广惠等分析了大数据治理包括的汇聚、融合、应用三个阶段，汇聚阶段包括数据目录梳理及资产登记，融合阶段包括制定数据处理规范、整合政务数据资源及构建共享交换机制等，应用阶段包括数据应用及面向应用的数据价值挖掘。[②] 戴香智等从理念变革、政策保障、整合力量及技术创新方面，提出了大数据时代创新社会治理的基本路径。[③] 陈朝兵等借鉴力场理论构建力场模型，遵循"破除阻力，增强动力，变压力为动力"基本思路，通过采取一系列政策举措作为我

---

① 安小米、宋刚、路海娟等：《实现新型智慧城市可持续发展的数据资源协同创新路径研究》，载《电子政务》，2018（12）。

② 马广惠、安小米：《政府大数据共享交换情境下的大数据治理路径研究》，载《情报资料工作》，2019（2）。

③ 戴香智、马俊达：《大数据时代下的社会治理创新：概念、关系与路径》，载《中国科技论坛》，2016（10）。

国政府数据开放的路径选择。[1] 翟云等也从政府数据治理及信息治理等不同维度，研究了大数据治理的分析路径。[2] 安小米等通过对大数据治理相关文献的研究，分析探讨了大数据治理的路径。[3] 盖宏伟等和梁芷铭分别从制度、执行、技术及国家治理能力角度，研究了大数据治理路径。[4] 在大数据背景下，有关数据链条机制依次为数据采集、数据清洗、数据汇聚、数据储存以及数据挖掘等环节，前一个环节是后一个环节的基础，每个环节都不可或缺。[5]

（二）模型构建方面

关于数据治理的路径研究，许多学者借鉴数据生命

① 陈朝兵、郝文强：《我国政府数据开放的力场模型与路径选择研究》，载《图书情报知识》，2020（6）。

② 翟云：《中国大数据治理模式创新及其发展路径研究》，载《电子政务》，2018（8）。

③ 安小米、郭明军、魏玮等：《大数据治理体系：核心概念、动议及其实现路径分析》，载《情报资料工作》，2018（1）。

④ 盖宏伟、刘红丹：《政府数据治理制约因素与发展路径》，载《合作经济与科技》，2019（9）；梁芷铭：《大数据治理：国家治理能力现代化的应有之义》，载《吉首大学学报（社会科学版）》，2015（2）。

⑤ 李圣军：《"大数据＋微调"时代政府循数决策模式的构建》，载《统计与决策》，2016（24）。

周期各个环节的划分，将其分为前后连贯、相互统一的若干个阶段或环节，一般包括大数据应用机遇扫描、采集处理、存储整合、分析挖掘、可视化应用五个阶段。[①] 王翔从数据共享开放等方面，提出了数据治理的具体路径。[②] 马仁杰等从外部化、市场化、社会化角度，提出了政府开放数据的路径。[③] 张影等开展了理论及实践验证研究，基于服务生态系统理论及价值链理论，构建大数据服务演进路径，并通过实证研究验证了演进路径模型的有效性。[④] 巴志超等依托信息集成理论框架，为安全大数据综合信息集成探寻了实现路径。[⑤] 郭斌等立足政府数据价值链模型，从树立治

[①] 郑大庆、黄丽华、张成洪等：《大数据治理的概念及其参考架构》，载《研究与发展管理》，2017（4）。

[②] 王翔、郑磊：《面向数据开放的地方政府数据治理：问题与路径》，载《电子政务》，2019（2）。

[③] 马仁杰、金一鼎：《价值实现视角下政府数据利用路径研究》，载《图书馆学研究》，2018（13）。

[④] 张影、高长元、何晓燕：《基于价值链的大数据服务生态系统演进路径研究》，载《情报理论与实践》，2018（6）。

[⑤] 巴志超、李纲、安璐等：《国家安全大数据综合信息集成：应用架构与实现路径》，载《中国软科学》，2018（7）。

理理念、优化治理流程、完善保障条件等方面提出政府数据治理的具体路径。[①]

（三）案例分析方面

马广惠等采用案例研究方式，基于大数据生命周期理论，从治理主体、客体及工具三个维度，提出了政府大数据治理的具体路径。[②]安小米等依托贵州省大数据实践案例，提出了宏观层面的多元主体合作联盟共治、中观层面的多层次活动流程联通共生、微观层面的多维度要素联结共赢的大数据治理体系框架及实现路径。[③]安小米等以"云上贵州"云平台为研究对象，指出数据加工处理应包含数据的采集汇聚、互联互通、共享开放及创新应用等整个数据链。[④]王翔等通过对地方政府数据开放案例的研究，探讨

---

① 郭斌、蔡静雯：《基于价值链的政府数据治理：模型构建与实现路径》，载《电子政务》，2020（2）。

② 马广惠、安小米：《政府大数据共享交换情境下的大数据治理路径研究》，载《情报资料工作》，2019（2）。

③ 安小米、郭明军、洪学海等：《政府大数据治理体系的框架及其实现的有效路径》，载《大数据》，2019（3）。

④ 安小米、白献阳、洪学海：《政府大数据治理体系构成要素研究——基于贵州省的案例分析》，载《电子政务》，2019（2）。

了我国政府数据治理的实现路径。[①]

（四）政府治理方面

在法律层面，数据安全法规范了"数据活动"，主要包括数据收集、存储、加工、使用、提供、交易、公开等行为。钱坤从国家治理的"信息治理"角度，提出了国家信息治理动态演化的分析框架，认为国家治理是一个"信息汲取－信息处理－信息应用"不断循环往复的过程。[②]广西大数据主管部门聚焦政府数据本身，探索政府部门内部数据共享利用的路径，从各类数据的共享程度、各主体的职能两个维度，制定了数据对接利用的具体路径，并从数据使用部门、数据提供部门、大数据主管部门职能出发，制定了无条件共享类数据、有条件共享类数据及不予共享类数据的跨部门调度流程。[③]

---

① 王翔、郑磊：《面向数据开放的地方政府数据治理：问题与路径》，载《电子政务》，2019（2）。

② 钱坤：《从"治理信息"到"信息治理"：国家治理的信息逻辑》，载《情报理论与实践》，2020（7）。

③ 《广西壮族自治区大数据发展局关于印发广西政务数据资源调度管理办法的通知》，http://www.gxzf.gov.cn/zfgb/2020nzfgb/d10q_84613/zzqgbmwj 20200713/t5718590.shtml，2023-12-15。

（五）信息资源管理方面

有学者从信息资源管理角度对数据治理进行了探索。冯惠玲等基于信息资源的演化规律及数据生命周期理论，将信息资源开发利用分为传播、演化及涌现三个环节。[①]夏义堃从信息生态视角，研究了基层政府数据治理流程，主要分为具体实施制度举措、富有操作性的工作流程图与数据业务知识点、建立基层数据治理目录与标准、推行清单式管理等环节。[②]

从上述研究可以看出，数据治理研究还主要局限在政府数据的共享开放、强调政府作用的发挥等方面，而对政府数据及社会数据对接利用的研究尚且匮乏。目前的研究都是对已有案例的分析研究或按照相关理论进行的推演，要么属于事后总结，要么停留在理论层面，故指导意义不足，亟待加强实践层面的实现路径研究，明确实践操作中

---

① 冯惠玲、贾子娟、朝乐门：《信息资源的开发利用及其产业链研究》，载《情报理论与实践》，2015（1）。
② 夏义堃：《试论基层政府数据治理模式的选择：吴中模式的建构与启示》，载《电子政务》，2019（2）。

的运行机制、实施流程及建设模式，从而为推进政社数据

对接利用提供实践操作指南（见图 1-1）。

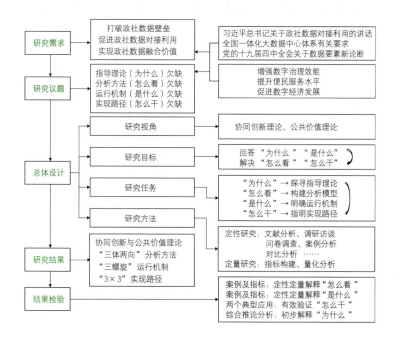

图 1-1　总体研究脉络图

实践之"的"呼唤理论之"矢"。针对当前政社数据

对接利用领域理论研究滞后于实践探索的问题，国内虽然

在政府治理、民生服务、经济创新领域涌现了一些成功实践，但理论研究仍处于摸索阶段，缺少成熟的指导理论，迫切需要在理论上、方法上进行突破创新，探寻有效的指导理论。

第二章

论"道"：探寻理论依据

数据治理之"道"。

——探寻理论依据，回答"为什么"——

"道以明向"。"道"即指导理论。依托政务数据与社会数据对接利用研究，为数据治理探寻有效的指导理论，以理论之"矢"射实践之"的"。

总结我国丰富的数据治理实践经验，提出具有中国特色数据治理方法论体系，是消除数据孤岛、实现"数据福利"的重要前提。[①]调研发现，数据治理作为一个新兴的研究领域，目前缺少成熟的数据治理理论。而数据治理研究领域中高阶的政务数据与社会数据对接利用，更无专门的研究理论作为指导。现阶段，关于政社数据对接利用理论，主要是借鉴其他学科的理论成果，常用的有协同创新理论、公共价值理论、系统论、生命周期理论、本体论等。这些理论中最适于政务数据与社会数据对接利用借鉴的，应属协同创新理论，近年来已有一些学者开展较为深入的研究。

　　本章主要任务是探讨数据治理的指导理论，在借鉴已有研究成果基础上，将协同创新理论作为研究政务数据与社会数据对接利用的基本理论，并针对协同创新理论存在的

① 杜小勇：《消除信息孤岛，实现"数据福利"》，载《国家治理》，2020（30）。

动力不足、利益分配弱化等问题，引入公共价值理论作为补充，通过两个理论的有机融合为政社数据对接利用提供新的理论指导。同时，基于新的融合理论形成一套较为可行的分析模型，凝练出政社数据对接利用基础研究方法，并不断丰富深化。

第一节　新理论的选择依据

一、满足本质属性的要求

政社数据对接利用过程，涉及了主体、客体、载体等多元要素，要素之间及要素内部关系错综复杂，尤其是对于作为客体的数据而言，不仅种类多，而且数量庞大，故而我们认为，政社数据对接利用在本质上属于复杂系统研究范畴。从政社数据对接利用的目的来看，主要是激活多源数据价值，并将数据价值服务于各个主体的利益，价值导向是政社数据对接利用的最基本特征。

对于复杂系统问题的研究，协同创新理论是有效指导。协同创新理论能够分析多元主体的各种复杂行为，处理系统间及系统内部协调工作，对于政社数据对接利用过程具有较强指导意义。作为价值研究的常用理论，公共价值理论能够指导各类价值在主体间的分配，实现政府机构、社会民众的利益最大化，这与本研究激发数据活力、创造数据价值的根本目的不谋而合。综上，从政社数据对接利用的本质属性看，综合应用协同创新理论和公共价值理论，可以为相关研究及实践工作开展提供理论支持。

二、借鉴已有的理论研究成果

为探寻政社数据对接利用的有效研究理论，本研究制定了四项选择标准。一是有基础。所选择的研究理论，不仅需要有成功的研究范例，还需是近年来常用的研究理论，并在理论延展及实践应用中得到认可。二是全覆盖。由于政社数据对接利用涉及政产学研用多元主体，对接流程较为复杂，价值实现难度较大，故而所选理论的研究范畴应当覆盖多主体、多环节。三是成体系。鉴于许多学者已应用多种理论开展了相关研究，有些处于理念设计阶段，有些处于架构搭建阶段，有些处于案例映射阶段，所以本研究所选的理论，要尽可能有体系化的研究基础。四是较成熟。考虑到政社数据对接利用主体多元、模式复杂，所采用的理论，需要经过理论及实践层面的应用，包括定性及定量的研究，并经过大量案例印证（见表2-1）。

表 2-1　协同创新理论和公共价值理论在数据治理研究中的应用

理论依据	研究学者	研究视角
协同创新理论	安小米等（2018）	政府数据资源治理
	马广惠等（2019）	政府大数据治理流程
	于施洋等（2019）	政社数据对接利用分析模型
	郭明军等（2019）	数据三类价值划分
	胡海波等（2019）	政府数据治理的协同性
	张会平等（2018）	数据协同的机制问题
	夏义堃（2018）	政府数据生态建设
	郭斌等（2020）	数据价值激活中的多元协同
	赵淼（2020）	数据治理中的政企协同模式

续表

理论依据	研究学者	研究视角
公共价值理论	Wang X. H 等（2004）	政务大数据释放价值
	Kalampokis E. 等（2018）	多源数据开发实现数据价值
	赵强等（2014）	政府利用大数据解决公共治理难题
	王晓明（2014）	社会治理中的数据支撑
	李季等（2016）	数据分析支撑决策
	张会平等（2019）	平衡数据治理各主体的价值取向
	崔佳佳等（2019）	解决中小微企业融资难
	张会平等（2020）	城市公共数据治理释放公共价值
	许晓东等（2020）	大数据促进公共价值决策

综合以上四点遴选标准，在已有文献综述基础上，本书将选择协同创新理论和公共价值理论作为政社数据对接利用研究的指导性理论。主要原因在于：一是有较好的研究基础，协同创新理论已成为目前研究包括政社数据对接利用在内的数据治理的主流研究理论，得到学界的广泛认可；二是协同创新理论的特点，协同创新理论能够覆盖多主体、多系统、多流程的研究范畴，成为研究复杂性系统问题的有

效理论；三是协同创新理论应用到政社数据利用领域，已经探索出了对接类型、分析模型、历程演进，并融合公共价值理论，构建了数据的三类价值；四是将协同创新理论与公共价值理论引入政社数据对接利用领域，既有理论方面的推演，也经过大量实践案例研究，既有定性的研究，也有量化的分析处理。本研究将两个理论从初始的分析模型构建，进一步延伸到实践操作层面的运行机制和实现路径。

第二节　协同创新理论中的协同理念

一、协同创新的内涵

协同创新理论的理论先导是协同论。协同论由德国理论物理学家赫尔曼·哈肯（Hermann Haken）首创，他通过对系统论、信息论、耗散结构理论、控制论及突变论的系统研究，结合亲身实验研究及分析推理，于 1971 年提出了协同论。协同论提出之后，受到学界极大关注，广泛应用于复杂系统问题的研究，成为分析系统协调机理、多元主体复杂行为的有效方法。[①] 作为系统论创新发展的新阶段，协同论将系统从功能层面进行细分，相应地，也可将研究对象划分为由不同子系统组成的复杂系统，研究对象的子系统所产生的能量及信息，不仅在子系统内发生交换，而且可以经过子系统协同互动，在宏观层面形成有序结构，从而形成整个系统的统一作用。安索夫（Igor Ansoff）则从整体与部分之间的相互关系角度阐述协同论，他在《公司战略》一书中提出了协同的概念，认为系统中各个关联因素的有机互动将增加整体效益，即产生"1+1>2"的效应。多主体协同配合，能够促进各子系统间良性互动、形成合力，减少或避免组织内耗和重复工作。

作为研究复杂系统中各子系统的相互协同而自发形成的学科，协同学认为整个系统最终会在时间、空间或功能等宏观层面上形成有序结构，属于系统的自组织理论，即系统的总体宏观效应。随着科技创新与经济发展的关系日

---

① ［德］赫尔曼·哈肯：《协同学——大自然构成的奥秘》，凌复华译，15~35 页，上海，上海译文出版社，2005。

益密切，协同思想在创新系统理论中得到广泛应用，通常以政府、企业、大学及科研机构作为研究对象，分析各主体如何通过知识、技术、政策等要素的互动，最终形成更高级别的协同创新合力。[①]

多主体方面。Serrano 和 Fischer 以政府、企业、高校、科研院所为研究对象，以知识在产学研间的传递增长及技术在产业领域的水平提升为目标，将协同创新定义为促进政产学研各主体的价值创造的过程。[②] Baldwin 和 Hippel 重点研究了经济领域的协同创新议题，发现企业创新能力与主体协同创新关系密切，主体间的协同创新更能提升企业的生产效益，相对于企业独立创新，协同创新更具竞争力。[③] 随着协同创新理论应用领域不断深化，协同影响因素

[①] 李柏洲、罗小芳、张赟：《产学研合作型企业原始创新中知识生产机制——基于高新技术行业企业的实证研究》，载《管理评论》，2014（7）。

[②] Serrano V., Fischer T., "Collaborative Innovation in Ubiquitous Systems," *Journal of Intelligent Manufacturing*, 2007, 18(5): 599-615.

[③] Baldwin C., Hippel E. V., "Modeling a Paradigm Shift: From Producer Innovation to User and Open Collaborative Innovation," *Organization Science*, 2011, 22(6): 1399-1417.

及主体相互关系等协同创新内部运行的个性化议题，成为学者的研究热点。Davis 和 Eisenhardt 聚焦协作关系与领导角色差异所引起的差异性协同创新结果，研究发现各协同创新主体角色地位的动态演变可以促进创新活动的开展，其作用机制是动态角色调整有助于探寻潜在创新源，从而激发参与主体创新性。[①] Fawcett 和 Blomqvist 深入研究了协同创新主体的作用机制，前者从信任角度入手，依托创新生产链构建了信任成熟度框架体系，讨论了主体间信任提升竞争力的问题；后者则从协作能力入手，认为其是不同主体参与合作的先决条件，而创新活动产生于各主体在社会中的互动配合。[②]

协同网络方面。Cebon 从协同网络优势入手，分析了各

---

① Davis J. P., Eisenhardt K.M., "Rotating Leadership and Collaborative Innovation: Recombination Processes in Symbiotic Relationships," *Administrative Science Quarterly*, 2011,56(2):159-201.

② Fawcett S. E., Jones S. L., Fawcett A. M., "Supply Chain Trust: The Catalyst for Collaborative Innovation," *Business Horizons*, 2012,55(2): 163-178; Blomqvist K., Levy J., "Collaboration Capability-A Focal Concept in Knowledge Creation and Collaborative Innovation in Networks," *International Journal of Management Concepts and Philosophy*, 2006, 2(1): 31-48.

主体协同创新的巨大创造力，并以比特币为例，阐述了其如何通过网络优势转化为非凡的群体创造力。[①] Blomqvist 等研究了信任对协同创新的影响，认为基于互信和承诺的关系，有助于应对合作环境中的风险及不确定的因素，从而通过增强主体间协作能力促进知识的创造，提高协同创新的成功概率。[②]

多元素方面。Dubberly 指出协同创新是包含沟通、选择、协调、合作、共赢的过程，涉及知识、技术、信息及人才等多种要素的整合共享。[③] Serrano 指出协同创新过程包括知识技术资源、行为、信息及协同度的全面整合。[④] 总体而言，国外关于协同创新的研究，广泛应用于多主体、

---

① Cebon P., "Swarm Creativity: Competitive Advantage Through Collaborative Innovation Networks," *Innovation Management Policy & Practice*, 2006, 8(4): 407-408.

② Blomqvist K., Levy J., "Collaboration Capability—A Focal Concept in Knowledge Creation and Collaborative Innovation in Networks," *International Journal of Management Concepts and Philosophy*, 2006, 2(1): 31-48.

③ Dubberly H., "Toward a Model of Innovation," *Interactions*, 2008, 15(1): 28-36.

④ Serrano V., Fischer T., "Collaborative Innovation in Ubiquitous Systems," *Journal of Intelligent Manufacturing,* 2007, 18(5): 599-615.

协同网络及多元素等方面的议题。

在国内，协同创新被认为是研究知识创造、促进竞争、取得最大效益的有效理论。万幼清等研究了知识重组对协同创新的影响，认为知识重组所具备的复杂程度、跨主体转移能力及对创新的促进作用，可以转化为提升协同创新的效能。[①] 胡恩华等和崔琳琳等分别研究了协同创新的匹配机制及合作机制。胡恩华认为，竞争机制可以激活创新并优化创新要素配置，从而实现创新行为价值最大化[②]；崔琳琳等认为协同创新的前提是各参与方要满足自身的诉求，在此基础上，各主体形成一定的合作机制，从而达到总体价值创造的最大化[③]。王琛等将创新协同机制分解为沟通、选择、学习和搜寻四个环节进行研究，认为协同创新是各要素在不同过程的集成，能够提升产业集群创新水

[①] 万幼清、邓明然：《基于知识视角的产业集群协同创新绩效分析》，载《科学学与科学技术管理》，2007（4）。

[②] 胡恩华、刘洪：《基于协同创新的集群创新企业与群外环境关系研究》，载《科学管理研究》，2007（3）。

[③] 崔琳琳、柴跃廷、秦志宇：《供需链协同的定量评价》，载《计算机集成制造系统》，2007（5）。

平。[①] 周志太指出，协同创新是各种创新要素有机结合的过程，通过非线性的复杂协同互动，形成具有特定功能的有机整体，实现各主体自身所无法实现的整体协同效应。[②]

二、协同创新的代表性观点

协同创新理论得到系统性研究与实践验证后，逐渐发展为一种普适性的理论研究方法，在社会科学研究尤其是创新管理研究中得到广泛使用。

基本内涵方面。张钢、万幼清、张力、涂振洲等分别对协同创新的概念、过程、模式、战略意义及集聚效应等进行了研究。[③] 就具体领域而言，协同创新主要与技术创新、

---

① 王琛、王效俐：《产业集群技术创新协同过程及机制研究》，载《科学管理研究》，2007（5）。

② 周志太：《基于经济学视角的协同创新网络研究》，博士学位论文，吉林大学，2013。

③ 张钢、陈劲、许庆瑞：《技术、组织与文化的协同创新模式研究》，载《科学学研究》，1997（2）；万幼清、邓明然：《基于知识视角的产业集群协同创新绩效分析》，载《科学学与科学技术管理》，2007（4）；张力：《产学研协同创新的战略意义和政策走向》，载《教育研究》，2011（7）；涂振洲、顾新：《基于知识流动的产学研协同创新过程研究》，载《科学学研究》，2013（9）。

政产学研协同、区域创新等结合得更为密切。

技术创新方面。李阳等围绕主体协同与技术创新的关系，阐释了政产学研用协同有助于提升企业技术创新能力、增强企业竞争力。[①] 尚航标等研究了主体行为与技术创新的关系，发现在跨部门合作时，主体的角色承诺与技术创新绩效呈倒 U 形关系。[②] 大数据创造公共价值，需要各利益主体积极配合，通过打造良好外部环境促进价值创造。[③]

政产学研协同方面。吴曼青指出，随着利益多元化及权力分散化，多主体密切协同的新型合作机制将成为发展趋势，各利益主体要实现自身利益诉求，建立共享共通的共同价值理念是不可或缺的。[④] 政府与市场形成共建共享机制，能够调动不同组织的动员能力及各主体的多元化生产

---

① 李阳、原长弘、王涛等：《政产学研用协同创新如何有效提升企业竞争力?》，载《科学学研究》，2016（11）。

② 尚航标、李卫宁、黄培伦：《跨部门协同创新的行为学机制》，载《管理学报》，2016（1）。

③ 向阳、王敏、马强：《基于 Jena 的本体构建方法研究》，载《计算机工程》，2007（14）。

④ 吴曼青：《网络极大化 节点极小化》，载《企业研究》，2017（9）。

共建，为不同主体提供个性化公共信息服务，弥补政府信息资源的不足。[①] 江小涓提出，大数据时代，可充分利用大数据矫正市场失灵，把部分公共服务职能交由市场来完成。[②] 来自腾讯集团、阿里云、中国联通等企业的相关行业专家均认为，数据治理工作需要全行业联手，构建可持续发展的数据生态是数据爆发式增长时代的现实命题。[③]

区域创新方面。刘军等和臧欣昱进行了定性研究。刘军等从产业聚集入手，发现协同创新效率具有正向空间溢出效应，即一个地区协同创新效率的提升，可以显著增强其相邻地区的协同创新效能[④]；臧欣昱立足区域创新发展，研究构建了区域创新体系中的主体协同创新机制[⑤]。李美

① 钟国栋：《大数据时代的政府智慧治理框架及其经济效能测度研究》，博士学位论文，武汉大学，2017。

② 江小涓：《网络时代的政府与市场：边界重组与秩序重构》，http://bijiao. caixin.com/2019-04-18/101405924.html，2023-12-18。

③ 《政企合力构建共建共治共享数据治理格局》，https://thinktank.cnfin. com/thinktank-xh08/a/2022724/1947999.shtml，2020-10-18。

④ 刘军、王佳玮、程中华：《产业聚集对协同创新效率影响的实证分析》，载《中国软科学》，2017（6）。

⑤ 臧欣昱：《区域创新系统多元主体协同创新机制研究》，博士学位论文，哈尔滨工程大学，2018。

娟等则进行了定量研究，制定了区域创新协同能力评测体系。[①]

三、协同创新理论的拓展应用

通过相关理论文献研究可以看出，近年来，安小米、郭明军、马广惠、于施洋等将协同创新理论应用于政社数据治理领域，拓展了协同创新理论应用范畴，从工业经济时代强调主体创新、技术创新、区域创新，发展到数字经济时代强调数据融合创新。聚焦政社数据对接利用议题，几位学者应用协同创新理论，构建了政社数据对接利用的分析模型及数据协同价值。本章将进一步探索协同创新理论的应用深度和广度，将其拓展应用到政社数据对接利用领域，从主体协同、客体协同、载体协同等角度，系统分析政社数据对接利用的分析方法、运行机制及实现路径。

[①] 李美娟、魏寅坤、徐林明：《基于灰靶理论的区域协同创新能力动态评价与分析》，载《科学学与科学技术管理》，2017（8）。

第三节 公共价值理论中的价值理念

一、公共价值的内涵

美国哈佛大学教授穆尔（Mark Moore）是"公共价值"概念的最早提出者。在《创造公共价值——政府战略管理》中，他从公共管理者的主要任务出发，研究提出了公共管理者要致力于寻求、确定和创造公共价值。[①] 为实现公共价值的创造，穆尔提出了公共价值创造战略三角，认为创造公共价值需要具备以下三个条件：一是"公共价值理念"，指政府依据公共价值诉求确定组织的任务或目标，满足公众作为一个群体对政府的集体期望；二是"支持与合法性"，公共部门要实现公共价值的目标，对上要争取政治及法律支持，对下要争取公众的认同支持，确保同时满足上级授权及公众支持两项要求；三是"运作能力"，这是针对公共部门的执行力而言的，在实施层面，管理者要

[①] Moore M. H., *Creating Public Value:Strategic Management in Government*, Cambridge, MA: Harvard University Press, 1997.

开展组织内部运作、提升执行力并增强说服力，通过促进各类资源的增加、重新分配及部署，确保公共价值理念的实现。[①]

由于穆尔未界定"公共价值"的内涵，因而众多学者对公共价值进行了探讨阐释。Kelly 等认为，公共价值的创造者是政府，由政府提供服务或通过法律法规等行为创造出来，由公众自己定义并由公众偏好决定，任何公共组织、服务提供者，均以它们是否有利于创造价值来判定。[②] Kelly 和 Alford 等研究了民众与公共价值的关系，前者分析了民主制度中的公共价值，认为其与公众密切相关，即由公众定义、由公众偏好决定，最终由公众选举的官员决定的价值集合[③]；后者研究认为，公共价值既反映

---

① Bryson J., Sancino A., Benington J., *Creating Public Value in Practice,* New York: Taylor and Francis.2015.

② Kelly G., Muers S., Mulgan G., *Creating Public Value:An Analytical Framework for Public Service Reform*, London:Cabinet Office, UK Government, 2002.

③ Kelly G., Muers S., Mulgan G., *Creating Public Value:An Analytical Framework for Public Service Reform*, London:Cabinet Office, UK Government, 2002.

了公民的集体偏好，也是提升公民对政府信任度的有效途径[①]。穆尔的研究结论和两位学者基本相同，他同时指出，公共价值是公民对政府期望的集合。[②]而 Stoker 的结论则相反，他认为管理者要比民众的作用更大，公共价值是由政治家及公共管理者相互协商确定的，而不是公众个人偏好的简单叠加。[③]尽管关于公共价值的认识分为两派，但他们均认可公共部门的管理者在公共价值创造中的作用，即管理者的职责是通过努力工作创造公共价值，同时要顺应政治环境和任务环境的变化，及时重新定位公共管理组织，而不是简单维持其连续性。Bozeman 则统一了政府及公民的关系，认为"公共价值"既是社会中每一个公民都应享有的权利和利益，也是公民对国家社会以及其

① Alford J., O'Flynn J., "Public Value:A Stocktake of Concept," Presented at the Twelfth Annual Conference of the International Research Society for Public Management, 2003.

② Moore M. H., *Creating Public Value: Strategic Management in Government*, Cambridge, MA: Harvard University Press, 1995: 30-52.

③ Stoker G., "Public Value Management: A New Resolution of Democracy and Efficiency Trade-Off," UK: Institute for Political and Economic Governance, University of Manchester,2007.

他利益各方应履行的义务，是政府行为和政策制定的根本原则。[①]

二、公共价值理论的代表性观点

公共价值理论体现了主体协同创新的思想，比如，作为价值创造的各个主体，公共管理者、公民、纳税人、顾客及客户等利益相关方，要通过沟通和信息互换实现协同，各方诉求是公共价值创造的前提和依据[②]，也就是说，公共价值的创造，需要多元主体的合作努力及协调配合方能实现。作为公共价值创造者，政府要正确识别所提供的公共服务能否带来预期的经济社会效用，能否充分实现公共价值。也有学者将"人本"思想引入公共价值理论研究，认为政府的职责定位就是创造公共价值。

回顾西方公共行政学发展历程可以发现，公共价值理

① Bozeman B., Sarewitz D., "Public Value Mapping and Science Policy Evaluation," *Minerva*, 2011, 49(1).
② 马亭亭、唐兴霖：《公共价值管理：西方公共行政学理论的新发展》，载《行政论坛》，2014（6）。

论具有里程碑意义，被认为是继传统公共行政和新公共管理之后形成的第三种管理范式。[①] 随着公共价值理论的多元化发展，它已成为西方国家构建服务型政府的最优理论范式。[②] 公共价值理论重新定义了如何应对效率、问责制以及合作等议题，与传统的公共管理或新公共管理相比，它建立在更广阔的人性视野之上，标志着从主要关注结果和效率转向实现更广泛的政府公共价值创造目标。[③]

随着政府职能加快向服务型政府转型，政府承担公共服务职能的重要性更加凸显。在国内，大多数学者都将政府与民众作为公共价值研究的重点。包国宪等认为，政府的职责是维护和实现公共利益以满足公民的需求，公民是公共价值的最终受益者，同时，公共价值的内部价值结

---

① Stoker G., "Public Value Management:A New Narrative for Networked Governance," *American Review of Public Administration*, 2006, 36(1).

② 陈少晖、陈冠南：《公共价值理论视角下公共服务供给的结构性短板与矫正路径》，载《东南学术》，2018（1）。

③ O'Flynn J., "From New Public Management to Public Value: Paradigmatic Change and Managerial Implications," *Australian Journal of Public Administration*, 2007, 66(3).

构，也随着时代变迁呈现出多元化发展态势。[①] 以满足公民利益需求为导向，成为政府公共价值创造的主旋律。公共价值应当成为政府治理活动效能评价的关键标准[②]，成为政府治理基本活动及辅助活动的目标。公共价值理论作为公共行政学发展的新方向，有助于政府管理者重新审视履职理念以处理好政府与民众的关系，对于推动政府治理具有重要价值。[③] 随着经济社会快速发展，政产学研用各主体的公共价值需求也越发明确。不断优化公共价值管理理论，可为我国改进公共服务、打造协同高效的数字政府提供理论依据。

迈进数字经济时代，公共价值的形式也产生新的变化，可体现为数据的公共价值。如何深入研究公共价值理论，是提升政府数字治理能力应着重考虑的议题。政府利

---

① 包国宪、文宏、王学军：《基于公共价值的政府绩效管理学科体系构建》，载《中国行政管理》，2012（5）；包国宪、王学军：《以公共价值为基础的政府绩效治理——源起、架构与研究问题》，载《公共管理学报》，2012（2）。

② 王学军：《公共价值认同何以影响绩效：理论框架与研究议程》，载《行政论坛》，2019（2）。

③ 王佃利、王铮：《国外公共价值理论研究的知识图谱、研究热点与拓展空间——基于 SSCI（1998—2018）的可视化分析》，载《中国行政管理》，2019（6）。

用大数据技术手段，可以识别真正的核心公共价值、调解价值需求的冲突，通过提升执行能力创造更多公共价值。[①] 政府必须充分发挥公共价值创造在数据治理中的引领作用，将其贯穿到政府数据治理全过程。英国学者托马斯·克伦普（Thomas Crump）在《数字人类学》一书中提出，数据价值能够提升社会公众生活质量，具有公共价值的一般属性，将数据转化为公共服务或产品，也能满足人们对社会管理者的期待。

三、公共价值理论的拓展应用

文献研究发现，公共价值理论，目前主要应用于政府数据治理方面，而政社数据对接利用方面鲜有涉及。本书将在借鉴已有研究成果基础上，特别是利用基于协同创新理论和公共价值理论构建的三类数据协同价值[②]，作为政社数据对

---

① 李一男：《大数据和物联网在国外城市治理中的前沿应用：公共价值促生的可操作化》，载《兰州学刊》，2015（10）。

② 郭明军、于施洋、王建冬等：《协同创新视角下数据价值的构建及量化分析》，载《情报理论与实践》，2020（7）。

接利用各个环节考虑的主要内容，将三类数据价值融入政社数据对接利用全过程，并以此作为研究政社数据运行机制及实现路径的基础（见表2-2）。

表 2-2 关于政务数据与社会数据研究理论及方法的梳理总结

序号	研究内容		其他学者研究观点及研究不足
1	理论依据	协同创新理论	相关研究：以协同创新理论结合 PDCA 管理理念，研究数据资源管理（安小米，2018）；基于协同创新理论，围绕主体、客体、工具研究数据治理（马广惠，2019）；研究政府数据治理与社会治理的协同逻辑关系（胡海波，2019）；研究构建数据之间协同机制（张会平，2018） 研究不足：未覆盖政社两类数据，未将研究视角深入运行机制及实现路径层面
2		公共价值理论	相关研究：分析政务大数据，得到有意义模式并创造公共价值（Wang X. H.，2014）；多源多类数据融合能够促进数据价值不断递增（Kalampokis E.，2018）；分析各类数据能够有效平衡参与主体的价值取向（张会平，2019）；政府数据要与互联网数据结合分析以支撑政府决策（李季，2016） 研究不足：未覆盖政社两类数据，未将研究视角深入运行机制及实现路径层面

续表

序号	研究内容		其他学者研究观点及研究不足
3	理论依据	价值链理论	相关研究：从政府数据公共价值创造方面，构建政府数据治理价值链模型（郭斌，2020）；从数据汇聚、分析、利用三方面，构建政务大数据创新发展价值链模型（张会平，2018） 研究不足：未覆盖政社两类数据，未将研究视角深入运行机制及实现路径层面
4		本体论	相关研究：将政府数据开发规范成数据本体，促进与其他类型数据的关联融合（钱国富等，2012） 研究不足：未覆盖政社两类数据，未将研究视角深入运行机制及实现路径层面
5	研究方法		缺少针对政社数据对接利用的研究方法
6	运行机制		相关研究：鲍静（2017）、熊磊（2018）、王卫（2019）认为，政府与企业合作提供协同数据公共服务，政社数据通过分析加工能支撑上层智慧应用，政府数据开放活动分为三种合作模式 研究不足：研究内容还未深入运行机制及对接利用流程
7	实现路径		相关研究：欣亮（2018）、马广惠（2019）、安小米（2019）、戴香智（2016）、冯惠玲（2015）、夏义堃（2019）、王翔（2019）分别从理念设计、模型构建、数据治理、文献归纳总结等方面进行研究 研究不足：研究对象主要针对政府数据，并未形成具体实现路径

第四节　新理论的特征：协同与价值

以理论之"矢"射实践之"的"。针对数据治理研究缺少理论指导的问题，本研究以政务数据与社会数据对接利用为基础，探索将协同创新理论、公共价值理论引入研究全过程，以双理论融合视角探寻具有普适性的理论指导。从理论缘起来看，协同创新理论的提出，本质上就是希望通过协同创造更多的价值，与开展数据治理从而激活数据价值的思路及目标不谋而合。从研究对象来看，协同创新研究涉及的政产学研用等多类主体，与数据价值产生所涉及的主体高度相关，主体间的合作机制也高度类同。从价值实现过程来看，必须通过不同主体的协同、各种数据资源的融合才能实现，其本身就是一个跨主体、跨领域的协同创新过程。

目前用于数据治理的相关理论，无论是协同创新理论、公共价值理论，还是价值链理论、本体论、生命周期理论，都难以直接指导政社数据对接利用实践，都需要进行不同程度的加工创新、交叉融合，然后进行实践案例映射加以验证。

本书基于协同创新理论和公共价值理论，在形成分析模型的基础上，进一步构建了政社数据对接利用运行机制及实现路径模型，将两个理论应用于政社数据对接利用领域，初步构想了新的指导理论——协同价值论（见图 2-1）。政社数据对接利用研究，在理论层面，遵循"遴选－分析－比对－融合"的逻辑，在实践层面，遵循"应用－比对－检验－总结"的过程，通过融合协同创新理论与公共价值理论，发挥对政社数据对接利用的理论指导作用，拓展在实践中的创新应用，为构建形成新的指导理论奠定了基础。

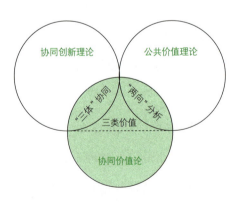

图 2-1　协同价值论构想的双理论依据

一、协同创新具备理论指导能力

协同学最早由德国学者哈肯提出，主要用于阐述复杂系统中各子系统的相互作用与协调发展机理，是对多元主体行为进行分析的有效方法。[1] 随着科技与经济的关系日益密切，协同思想在创新系统理论中也得到广泛应用，并以"官产学研合作"为主旨研究政府、企业、大学、科研机构与中介组织如何通过要素互动形成创新合力。[2] Serrano 等将协同创新定义为瞄准知识增长和技术水平提高，以政府、企业、高校、科研院所为创新主体的价值创造过程[3]，整个过程包括知识、技术、行为、信息、协同度的全面整合。Dubberly 也指出，协同创新涉及知识、技术、信息、人才等多种资源的全面整合与共享，各主体协同创新的过程是一个包含沟通、选择、协调、合作及共

---

① ［德］赫尔曼·哈肯：《协同学——大自然构成的奥秘》，凌复华译，15~35 页，上海，上海译文出版社，2005。

② 李柏洲、罗小芳、张赓：《产学研合作型企业原始创新中知识生产机制——基于高新技术行业企业的实证研究》，载《管理评论》，2014（7）。

③ Serrano V., Fischer T., "Collaborative Innovation in Ubiquitous Systems," *Journal of Intelligent Manufacturing*, 2007, 18(5): 599–615.

赢的过程。[①] 协同创新所体现的主体协同、要素协同、过程协同等特征，正是数据价值实现过程所必需的。

近年来，协同创新理论在大数据治理领域的应用研究取得了积极进展，进一步为属于大数据治理范畴的数据价值研究提供了理论依据。安小米等以协同创新理论为指导，从"主体－活动－要素－服务"四维度协同角度，提出了主体联盟、活动联通、要素联结、服务联动的数据资源管理机制[②]，并针对我国政务大数据共享利用，构建了协同创新共同体分析模型，验证了协同创新理论对政务大数据治理的指导作用[③]。马广惠等围绕治理主体、治理客体、治理工具三方面，对大数据汇聚、融合、应用进行了案例分析，验证了协同创新理论在大数据治理领域的有效指导

---

① Dubberly H., "Toward a Model of Innovation," *Interactions*, 2008, 15(1): 28-36.

② 安小米、宋懿、郭明军等：《政府大数据治理规则体系构建研究构想》，载《图书情报工作》，2018（9）。

③ 安小米、郭明军、魏玮：《政务信息系统整合共享工程中的协同创新共同体能力构建研究》，载《情报理论与实践》，2019（4）。

作用。[①] 于施洋、郭明军等基于协同创新理论，构建了政社数据对接利用的分析模型。[②] 综上研究可以看出，协同创新作为研究多元主体关系的理论，已成为研究大数据治理的有效理论，也为数据价值研究提供了重要指导。

二、协同创新理论本质是价值导向

价值是在人与行为或对象之间的某种关系中产生的，是主体与客体间相互作用的结果。[③] 协同创新作为研究各类主体和客体之间关系的理论，其本质特性是主体的互动、互惠和整合，增进自身利益是协同创新的基本动机。[④] 协同创新是以企业、高校科研院所、政府为创新主体的价值创造

① 马广惠、安小米：《政府大数据共享交换情境下的大数据治理路径研究》，载《情报资料工作》，2019（2）。
② 于施洋、郭明军、王建冬等：《政务数据与社会数据平台化对接研究——模型构建与案例验证的视角》，载《情报理论与实践》，2020（5）。
③ 汪辉勇：《论价值的本质特征及其定义》，载《湘潭大学学报（哲学社会科学版）》，1999（6）。
④ 周志太：《基于经济学视角的协同创新网络研究》，博士学位论文，吉林大学，2013。

过程①，协同创新研究与实践的根本意义在于价值创造，价值创造是协同创新内涵的核心及实践活动的驱动力。② 同时，价值创造贯穿于产学研协同创新全过程，每个环节都注重价值创造，整体能够实现更大的价值创造。③ 上述研究表明，协同创新本质上就是研究多元主体价值创造的理论，完全契合数据价值实现过程中的多主体协同、多要素融合特点。

三、数据价值在协同运动中产生

数据价值在协同运动中产生。迈尔－舍恩伯格（Viktor Mayer-Schönberger）指出，大数据的价值由其潜在价值决定，而大数据潜在价值的实现需要同时拥有数据资源、掌握分析数据的专业技能以及具有利用数据分析结果催生创新应

---

① 陈劲、阳银娟：《协同创新的理论基础与内涵》，载《科学学研究》，2012（2）。

② 项杨雪、梅亮、陈劲：《基于价值创造的协同创新本质研究——以浙江大学协同创新中心为例》，载《科技进步与对策》，2015（23）。

③ 周青、许倩：《价值创造视角下产学研协同创新运行模式》，载《技术经济》，2017（10）。

用的思想等条件。① 由此可见，数据价值需要数据、知识、人才的协同配合才能实现。从数据本身来看，数据只有通过汇集、清洗、加工、处理、分析才能释放其价值，各个环节需要有序协同。从数据主体来看，数据的比较关联、加工处理及开发利用等活动，需要相关主体的协同配合，比如政府提供数据并明确数据利用的目标，企业开展数据清洗处理及模型算法研发，高校及科研院所研究提供理论方法支撑及技术咨询。从数据处理技术来看，数据基础设施也具备协同的特征，在处理异构异地数据源时，需要进行协同分析。②

数据价值在运动中产生。静态数据不仅没有价值，而且还需要耗费成本进行存储、保管。数据虽有很高的价值，但由于大数据技术具有高度专有性，且大数据的基础设施建设和使用的固定成本较高，所以企业开展大数据分

① ［英］维克托·迈尔-舍恩伯格、肯尼思·库克耶：《大数据时代——生活、工作与思维的大变革》，盛杨燕、周涛译，127~156 页，杭州，浙江人民出版社，2013。

② 中国信息通信研究院：《数据基础设施白皮书 2019》，13~14 页，2019。

析利用都要付出高昂成本。[①]同时，数据价值的动态释放过程，也需要依托数据处理平台作为技术载体，数据采集、汇聚、存储、清洗、处理等各个环节，都离不开数据处理平台进行加工处理，而且，随着数据量爆发式的增长，数据价值的实现将越发依赖数据处理平台。可以看出，数据价值是在数据处理平台的载体上不断运动中产生的。

综上所述，协同创新可以作为数据价值研究的有效理论。一方面，协同创新已成为数据治理研究的常用指导理论，而数据价值作为数据治理中的一项重要内容，理应适用于协同创新理论的指导。另一方面，协同创新的本质就是研究价值创造，数据价值作为数字经济时代的一种新型价值形态，可以用协同创新作为指导。更重要的是，数据价值产生过程涉及了多主体协同、多要素协同、多环节协同，本质上就是一种协同创新行为。

---

① 冯鹏程：《大数据时代的组织演化研究》，载《经济学家》，2018（3）。

四、协同理念与价值理念的指导应用

关于政社数据对接利用的研究，本章将协同创新理论应用到了主体协同、客体协同、载体协同及三体内部的协同，将公共价值理论应用到数据价值产生的各个环节，并认为数据价值是在协同创新中产生且为协同创新服务的，而协同创新的目的是促进更多价值产生，通过价值的分配进一步促进协同创新能力的提升，通过将协同创新理论与公共价值理论进行有机融合，为政府、企业及社会各界开展政社数据对接利用实践提供指导。

本书通过综合运用理论研究与实证分析，将定性分析与定量分析有机结合，基于协同创新、公共价值理论等理论知识，结合政务数据与社会数据对接利用的典型实践案例，遵从"理论基础－分析方法－运行机制－实现路径"的思路，主要研讨"为什么"——探寻理论依据，"怎么看"——构建分析模型，"是什么"——厘清运行机制，"怎么干"——指明实现路径四大议题，总体逻辑框架如图2-2所示。

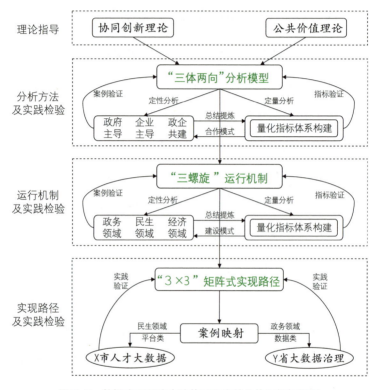

图 2-2 数据治理理论方法体系研究的总体逻辑框架图

小结 探寻政社数据对接利用的理论依据

政务数据与社会数据的对接利用，是习近平总书记

2017 年关于"实施国家大数据战略加快建设数字中国"讲话提出的新命题，虽然近几年成为研究热点，但目前还缺少成熟的研究理论作为指导，也没有数据治理领域的研究理论可参考，只能从其他研究领域的理论中探寻适合的指导理论。鉴于目前缺少数据治理的完备理论体系，更没有针对政社数据对接利用的专门指导理论，迫切需要在理论上进行总结提炼、创新突破。本研究将立足政社数据对接利用的本质属性，在系统调研已有理论研究成果基础上，制定遴选契合的研究理论的标准，为政社数据对接利用探寻有效的指导理论。同时，通过实践案例回溯映射两个指导理论的合理性，从而为选择合适的政社数据对接理论奠定基础。本研究将协同创新理论与公共价值理论融合应用到政社数据对接利用领域，拓展了两个理论的应用广度和深度，为两个理论在数字经济时代的创新发展提供了新思路，探寻了政社数据对接利用的理论依据。

第三章

论"法"：构建分析模型

数据治理之"法"。

——构建分析模型，回答"怎么看"——

"法以立本"。"法"即方法思路。坚持以道御术，通过理论推演，抓住问题本质，构建分析模型，为数据治理提供基本分析之法。

针对政务数据与社会数据对接利用缺乏理论指导的问题，本研究基于协同创新理论和公共价值理论，在借鉴已有研究成果的基础上，结合数据对接利用的特点，进行针对性的修改完善，从协同域、价值域出发，构建了政务数据与社会数据对接利用的分析模型，旨在提供有效的分析方法。

第一节　新分析模型的构建

一、基于协同创新的"三体协同"

　　在安小米、马广惠等基于协同创新视角研究形成的分析框架基础上，聚焦平台化对接的研究议题，保留主体、客体两个共性的分析维度，将策略、战略、组织、机制、计算机等治理工具聚焦为数据分析平台的载体，形成主体（政产学研用各方）－客体（各类数据资源）－载体（数据分析平台）"三体"分析模型，并从数据对接的角度对主体、客体的内涵进行细化，解决谁来做、怎么做的问题。一是主体维度：主要从主导方、参与方、建设方、使用方、出资方五方面进行剖析，明确各主体的角色定位、主要职责、具体分工。二是客体维度：主要从政务数据来源、政务数据资源、社会数据来源、社会数据资源、数据对接路径、数据对接方式六方面剖析，明确数据对接的内容、对接的方式。三是载体维度：主要从依托平台、建设机制两方面剖析，明确所依托的数据分析平台以及平台的建设机制。

二、对接利用的机制研究

"三体协同"分析模型构建之后，需要进一步明确数据对接机制，即在对接过程中，各主体发挥的作用、各类数据的流向以及数据依托平台的转移方式。

从政务数据与社会数据对接利用工作的主导权来看，有三种对接机制：一是政府主导型，即对接平台直接由政府规划建设或由政府委托的国企全权负责，政府可以使用平台汇聚的各类数据；二是企业主导型，即充分依托企业数据分析平台，导入政府数据进行融合分析利用，政府扮演参与者的角色，授权企业在合理范围内使用政务数据；三是政企共建型，即政府通过规划指导、批复项目、提供经费等方式给予支持，采用市场化运营机制，由政府和企业联合新建数据分析平台。

按照数据对接主体与数据流向的不同，可划分为四种典型的数据对接机制。一是政府→政府，即政府部门之间的数据共享交换，包括同级部门共享、跨部门数据共享、跨行政区划的数据共享等；二是政府→社会（企业），即政府向社会（企业）共享数据，包括无条件开放数据、依申请开放数据等；三是社会（企业）→政府，即社会（企业）向政府共享数据，包括企业依法依规例行上报的数据、为满足政府经济社会管理需要而由企业提供的数据；四是企业→企业（社会），即企业与社会之间特别是企业与企业之间开展数据的共享交换、流通交易等活动。

从对接利用时数据是否发生转移的角度来看，可分为五种对接类型。一是原始数据搬家，全部或部分转移。比如政府部门非涉密的部分宏观经济数据全部通过平台共享或者通过应用程序接口（Application Programming Interface，以下简称 API）转移，优点是便于对样本数据进行分析挖掘，缺点在于重复占用存储资源，安全隐患较大。二是脱敏数据搬家，可用亦可见。比如教育、医疗、交通、工商等部门数据脱敏后进行平台化共享，优点是便于开展针对性分析且数据安全有保障，缺点在于无法对全量样本数据进行充分开发利用。三是数据不搬家，提供数据接口服务。比如数据使用者可以通过共享平台核验公安部的个人身份证信息，优点是操作方便、不转移数据，缺点在于无法进行大规模数据分析。四是数据不见面，模型算法见面。比如使用工商相关数据时，将事先设计好的分析模型嵌入数据库进行运算，仅使用运算结果而不看到具体数据，优点是操作简单且数据安全有保障，缺点在于常态化合作机制较难建立，对数据与业务理解能力要求很高。五是数据不搬家，AI 赋能。比如采取机器学习等技术手段，让机器通过数据进行训练，形成运算结果，优点是适用于大样本数据，有利于实现价值倍增，缺点是对合作模式、人员素质要求较高，实施难度较大。

三、基于价值论的"两个导向"

开展政务数据与社会数据对接利用，需要充分发挥数据融合分析产生的价值，促进难点问题的解决及发展目标的实现。为弥补协同创新理论在数据价值领域的应用不足，将公共价值理论引入分析模型，使开发政务数据与社会数据的价值既能解决现实问题又能实现既定目标。价值论有两个导向：一是问题导向维度，即数据的对接利用要面向破解群众企业办事难等民生服务痛点，通过数据对接利用实现群众少跑腿，同时解决政府决策缺少数据支撑的难题；二是目标导向维度，即通过各种数据的开发利用，充分激活数据价值，让数据成为推动经济社会良性可持续发展的关键要素，同时满足政府提升治理能力、企业创造经济价值和社会公共价值的需求。

四、"三体两向"分析模型

"三体两向"分析模型是指，基于协同创新理论并融入公共价值理论，通过三类典型案例研究[①]，从协同域及价值域入手，构建包含"主体、客体、载体"及"问题导向、目标导向"的模型（见图3-1）。"三体两向"分析模型中的"三体"，将作为政社数据对接利用的分类维度，"两向"将作为运行机制研究要实现的目标，从而将"三体两向"与运行机制紧密结合起来。

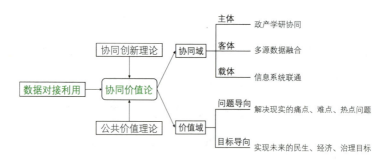

图3-1 "三体两向"分析模型

---

① 于施洋、郭明军、王建冬等：《政务数据与社会数据平台化对接研究——模型构建与案例验证的视角》，载《情报理论与实践》，2020（5）。

第二节　分析模型在实践案例中的验证

为验证分析模型的有效性，本章遴选了国家、省、市三个层面，覆盖政府主导、企业主导、政企共建三种对接利用机制的典型案例，基于"三体两向"分析模型进行系统性剖析。

一、国家发展改革委互联网大数据分析平台案例研究：政企共建模式

国家发展改革委互联网大数据分析平台是由政府出资，事业单位和企业联合共建的大数据分析平台，通过汇聚分析各类政务数据和社会数据，为政府决策提供强有力的数据支撑。

主体维度。国家发展改革委互联网大数据分析平台是由国家发展改革委立项投资[①]、国家信息中心会同相关互联网

---

① 《国家发展改革委互联网大数据分析系统项目成交公告》，中国政府采购网，http://www.ccgp.gov.cn/cggg/zygg/zbgg/201604/t20160427_6720246.htm，2023-12-19。

企业共同建设的数据采集分析平台。2016 年，国家信息中心与飞利信、美亚柏科等公司组建事企合作平台——国家发展改革委互联网大数据分析中心，具体承担数据采集汇聚、存储加工、分析利用等技术支撑工作，由国家信息中心对数据进行分析解读，形成系列大数据决策分析报告及大数据指数产品，为国家政府部门决策提供参考。

客体维度。依托政企合作的特殊优势，国家发展改革委互联网大数据分析平台逐步汇聚了跨部门的政务数据及多源社会数据。其中，政务数据主要包括三类：一是通过建立覆盖全国部委、省、市和县四级体系 4000 多家门户网站的政府网站数据抓取体系，采集信息更新、内容转载、技术运维、互联网影响力等基础数据；二是采集全国发展改革、信用等系统官方网站的服务信息和运行数据；三是采集国家发展改革委企业投资备案或审核项目、价格举报等业务数据。社会数据采集主要包括国内新闻媒体、论坛、微博、博客以及海外媒体、社交网站上涉及国家发展改革委职能和业务的网民反馈数据。基于以上多源数据的对接融合，通过话题识别、热点探测、情绪判断、语义分类、信息可视化等技术，为政府治理提供数据决策支撑。

载体维度。互联网大数据分析云平台由国家发展改革委互联网大数据分析中心具体承担建设运维，由相关合作企业提供服务器、网络交换机等硬件设施以及舆情数据、企业数据等数据资源，形成了互联网大数据采集与信息交换系统、互联网态势研判可视化分析系统、核心业务大数据综合管理与融合分析系统、大数据智能推送系统等服务载体。

问题导向。互联网大数据分析平台的建设，有效打通了政府信息孤岛，解决了政府决策缺少数据支撑的难题。通过基础数据技术平台建设，打通了全国发展改革、粮食、能源、价格和储备物资等系统官方网站的服务信息和运行数据，关联了企业投资备案或审核项目、债券发行、价格举报、企业能耗、煤电油运经济运行等业务数据，汇聚了国内新闻媒体、论坛、微博、博客以及海外媒体、社交网站上涉及国家发展改革委管理职能和相关业务的网民反馈数据，为政府决策提供了坚实的数据支撑。

目标导向。通过对发展规划、宏观经济运行、体制改革、价格管理、产业发展、地区经济、环境气候、社会就业、信用建设等热点业务的演进趋势分析、话题公众情绪判断、互联网传播态势分析、舆情关联分析，实现了热点话题相关地点、机构、人物、正负面观点等信息自动抽取，辅助政府快速掌握相关互联网态势演进情况，以大数据助力政府互联网应对水平及科学决策能力的提升（见图3-2）。

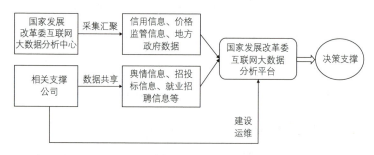

图 3-2　国家发展改革委互联网大数据分析平台决策支撑机制图

二、贵州省扶贫大数据平台案例研究：政府主导模式

贵州省大数据治理实现多个"全国率先"，政府大数据治理成效显著，初步形成了集宏观、中观、微观于一体的

大数据治理模式[①]。由政府主导打造的"云上贵州"云平台及贵州精准扶贫，成为贵州乃至全国大数据治理的典范（见图 3-3）。

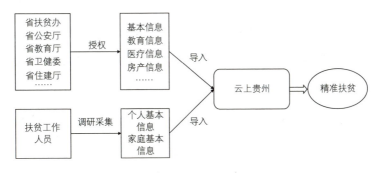

图 3-3　贵州省扶贫大数据治理机制图

　　主体维度。"大数据"和"大扶贫"是贵州省最重要的两大战略行动，精准扶贫是贵州省利用"大数据"推进"大扶贫"的重要成果。为推动精准扶贫工作取得实效，贵州省强化顶层设计，汇聚政产学研多方优势资源，积极推动"大数据＋扶贫"各项工作的开展，成立贵州省大数据发展管

---

①　安小米、郭明军、洪学海等：《政府大数据治理体系的框架及其实现的有效路径》，载《大数据》，2019（3）。

理局，具体负责推进全省大数据发展工作，并履行出资人职责，组建国资独资控股公司，负责数据资源开发应用等业务。通过与公安、卫健、教育、人社、住建、民政、水利、自然资源、市场监督管理等 17 个部门和单位建立业务协同与数据共享机制，确保能够共享精准扶贫所需要的外部数据。

客体维度。扶贫数据分散在不同业务司局是开展精准扶贫工作的主要障碍。为解决数据难获取、数据不准确等问题，在省级领导及部门牵头下，通过"云上贵州"平台汇集了省扶贫办、公安厅、卫健委、教育厅、人社厅、住建厅、民政厅、水利厅、自然资源厅、生态移民局、市场监督管理局、林业局、财政厅等十余个部门的相关数据。通过省大数据发展管理局协调，以项目委托方式与国家农业条线相关数据实现融合共享。同时，依托"云上贵州"数据共享交换平台，汇聚了基层公务人员走访调查贫困人群获取的基础性、非结构性数据，实现社会扶贫数据与各政府部门数据的实时共享，提升了扶贫工作基本信息的准确性和时效性。

载体维度。贵州省精准扶贫工作的开展，充分依托"云上贵州"平台开展数据采集汇聚、加工处理。"云上贵州"

平台由云上贵州大数据产业发展有限公司具体负责建设运维，体现了政府主导、企业运作的特点。云上贵州大数据产业发展有限公司经贵州省人民政府批准成立，由贵州省经济和信息化委员会全资控股，由贵州省大数据发展管理局履行出资人职责，贵州省国有企业监事会进行监管。公司通过合资合作等方式成立项目子公司、控股公司或参股公司，负责运营"云上贵州"系统平台、数据技术服务、工业云及政府数据资源开发应用等业务，并协助政府所属事业单位开展基础共享数据库的建设与运维。

问题导向。通过"云上贵州"云平台汇聚各类政府数据和社会数据，解决了政府决策缺少数据支撑的问题。通过多源扶贫数据的对接利用，政府可以及时了解建档立卡贫困户是否有车有房，是否身患重疾无力医治，家中是否有子女考上大学等与建档立卡贫困户生产生活息息相关的数据，解决了全省脱贫攻坚工作中存在的"数据不通"和"数据不准"的突出问题。跨部门数据打通之后，解决了群众办事"多跑腿"问题。数据共享之前，贫困生申请学费补助，需要多次跑腿提交材料并至少等 3~4 个月，数据通过平台化对接利用之后，学校可以第一时间知道有多少建档立卡贫困户学生被录取，并通过多种渠道告知学生不用先行垫付学费。

目标导向。贵州省精准扶贫工作的开展，有力推动了全省大数据、大扶贫战略的有机结合及有效实施。通过平台收集的数据，政府能更精准、精确地了解建档立卡贫困户的动态。有效的数据分析为各级领导干部决策提供了客观数据支撑，政府部门通过数据的核实、检查、比对，可以识别并清理不符合建档立卡条件的住户，让真正的贫困户享受国家政策，真正实现精准扶贫。

三、广州市微信身份认证平台案例研究：企业主导模式

"网络身份证"是"居民身份证网上功能凭证"的俗称，是用虚拟的卡代替实体的卡片。市民在微信卡包里设置自己的网络身份证，即可在住酒店、寄快递、坐飞机时采用"刷手机＋刷脸"方式进行身份认证，不用出示身份证原件。目前我国的电子化身份认证体系，多数是直接搭载和利用互联网公司的技术及具有普及性的网络应用平台，借助互联网公司公共化的服务，而非政府部门"另起炉灶"新建

平台[①]，体现了企业主导的特点。2017 年 12 月，广州南沙警方签发了全国第一张微信身份证网上应用凭证，给群众交通出行带来极大便利（见图 3-4）。

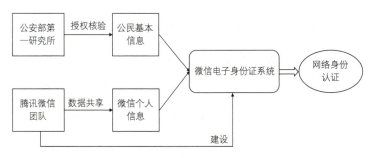

图 3-4 广州微信身份认证机制图

主体维度。广州市网络身份证是在国家发展改革委和公安部联合推动下，由腾讯具体负责实施的一项重大便民工程。公安部负责居民身份数据的共享，公安部第一研究所负责相关核心技术研发，国家发展改革委通过"互联网 +"重大工程项目提供政策支持，腾讯则组建了专门的微信团队，负责开发运营并依托微信电子身份证系统提供服务。广州市

---

① 王宇：《电子身份证为公共服务"互联网 +"打基础》，载《计算机与网络》，2018（1）。

网络身份证由广州市公安局南沙区分局、腾讯、蚂蚁金服、中国建设银行等十余家单位发起的"微警云联盟"承办，其中，腾讯优图实验室、蚂蚁金服等公司提供人脸识别、网络支付等基础技术能力，腾讯提供云平台开展对外输出。

客体维度。网络身份证合法性得到政府认定，便利性得到群众认可，体现了政务数据和社会数据对接利用的应用成效，通过腾讯云平台，能将公安部掌握的居民姓名、身份证号等权威信息与微信上的个人注册信息、联系方式等信息进行关联比对，并通过 AI 人脸识别技术将用户人脸信息与公安部身份证制证数据库中的身份证照片进行比对确认，从而核定用户身份。

载体维度。网络身份证认证由微信电子身份证系统具体承担，依托腾讯云平台而搭建，通过在微信小程序中设置网证（Cyber Trusted Identity，CTID），供用户注册认证。微信电子身份证系统的开发设计及运维保障由腾讯微信团队负责，通过人脸识别技术与公安部身份证制证数据进行对接印证，通过公安部验证审核后，在手机端形成居民独一无二的网上身份凭证，为群众办事提供便利。

　　问题导向。网络身份证与实体身份证芯片具有唯一对应性，与实体证件具有同等法律效力，有效解决了群众办证难问题，"网络身份证"使人们办卡和办证变得简单，只需一部手机进行操作，就能将卡片和证件的信息载入电子身份证中，一次微信身份证认证后，即可通过手机亮出"网证"办理政务、住宿、车票等业务，极大提高了群众办事便利度和获得感。

　　目标导向。网络身份证业务的开展，极大提升了政府公共服务能力，有力促进了政府数字化转型及治理能力现代化，该项服务上线一天就有 3 万多人办理了"刷脸身份证"[①]，成为民生服务领域大数据治理的成功案例。企业通过深度参与民生业务，拓展了市场范围，增强了社会知名度和影响力。通过该项便民服务，企业拿到了之前想拿而不能拿的政府权威的居民数据，为今后开展各项政务服务奠定了坚实的数据基础。

---

① 　《微信身份证丢了怎么办？找回操作技巧攻略!》，载《齐鲁晚报》，2017-12-28。

表 3-1 基于"三体两向"分析模型的三类典型案例研究

案例	主体					客体						载体	
	主导方	参与方	建设方	使用方	资助方	政务数据来源	社会数据来源	政务数据资源	社会数据资源	数据对接路径	数据对接方式	依托平台	建设机制
贵州省精准扶贫（省级）	贵州省经济和信息化委员会通过资控股方式主导平台建设	阿里巴巴通过资控股和阿里云、腾讯云、通过资控股参与云平台建设	政府全资控股数据产业发展有限公司建设完成	通过成立项目子公司，贵州大数据，腾讯通过股份参股或参股公司开发应用政府数据	省大数据发展管理局牵头，通过专项资金委托方式提供支持	省扶贫办、公安厅、教育厅、人社厅、民政厅、财政厅等政府部门数据	贫困群众的建档立卡信息及走访调查获得的贫困户信息	个人基本信息，教育、医疗、房产等信息	个人信息、家庭基本情况信息等	政→政、政→企	社会数据搬家、数据转移，汇聚到平台	云上贵州平台	政府主导、企业参与

续表

案例	主体					客体						载体	
	主导方	参与方	建设方	使用方	资助方	政务数据来源	政务数据资源	社会数据来源	社会数据资源	数据对接路径	数据对接方式	依托平台	建设机制
广州市网络身份证（市级）	腾讯	广州南沙警方与公安部第一研究所	腾讯	腾讯微信团队及公安部第一研究所	国家发展改革委"互联网+"重大工程项目	公安部	公民身份信息	腾讯	个人微信认证信息	政→企	政务数据不搬家，提供数据接口服务	微信电子身份证系统	企业主导、政府授权
国家大数据决策分析（国家级）	国家发展改革委大数据中心（政企合作事业平台）	美亚柏科、飞利信、中国信息宏数、中联润通	中联润通承建、云平	国家信息中心	国家发展改革委通过政府采购服务方式提供支持	国家发展改革委、地方政府	信用信息、价格监管信息，地方政府数据等	美亚柏科、联铭信等	舆情信息、招标信息、投标信息、就业招聘信息等	政→企，企→政	包含数据搬家，提供接口服务、模型计算、法见面等方式	国家发展改革委互联网大数据分析平台	政企共建、市场化运作

四、案例对比及研究发现

（一）三类典型案例对比研究

通过"三体两向"分析模型进行案例分析，可以发现政社数据对接利用的一些普遍特征，即"政企协同、市场运作、业务驱动、平台对接"。同时，各个案例在主体作用发挥、数据对接类型、平台建设运维等方面，又存在异同点。**一是主体维度，共同参与但角色不同**。共同点：均需要政企共同参与，缺一不可；均有互联网大公司参与提供技术支持，参与各方在对接利用过程中实现了自身价值。不同点：政府发挥的作用不同，有的是主导，有的是引导，有的是扶持，相应地，企业发挥的作用与之互补，即政强则企弱，企强则政弱。**二是客体维度，均有融合但程度不一**。共同点：作为激活政务数据的有效途径，通过与社会数据的对接融合，政务数据的价值得到了有效提升。不同点：数据的对接类型不同，主要以数据不搬家为主。政府向企业提供数据，主要以授权方式进行。**三是载体维度，企业运维但功能各异**。共同点：平台建设均采取市场化运作机制，具体建设运维由企业承担。不同点：平台的主要功能，有的是由政府主导进行规划设计，有的是基于企业已有平台功能进行改造升级。

（二）扩大案例样本的对比研究

随着研究案例样本量的扩大，也发现一些其他有意义的现象，主要表现在两个方面：一是政府通过平台共享的数据主要为民生类数据，所涉及的领域较为单一，而且一些部委的垂直领域数据以及地方政府的跨部门数据，开放量较少且质量不高。虽然目前政府部门都建立了数据共享清单，但"只上菜单不上菜"的问题依然存在，目录挂接的数据较少或更新不及时，制约了政务数据价值的充分释放。二是企业通过平台共享数据不积极，尤其是经济形势类数据较少。掌握海量数据资源的企业往往将数据视为自身的核心竞争力，对于向政府提供数据存在不同程度的顾虑，不愿将自有数据通过平台与政府数据进行对接，因此政府获取企业数据的难度较大。总体来看，我国政务数据与社会数据对接利用工作处于起步阶段，许多实践仍处于探索过程中。对接数据量少、开发深度不够，亟待加强对已有成功模式的宣传推广，让更多的主体加入数据共享开发行列，同时，也需通过体制机制创新，激发政府、企业的积极性、主动性，消除不愿共享、不敢共享的顾虑，让政府的服务价值和企业的利益诉求在数据融合共享中实现。

（三）研究发现

本章基于协同创新理论及公共价值理论，构建了"三体两向"分析模型，通过三类典型案例研究，验证了分析模型的有效性，并从多层面、多视角、多维度剖析政务数据与社会数据平台化对接及融合利用实践，为多源数据对接利用提供了有效分析方法。[①] 在实践中，以"三体两向"思路作为指导，有助于促进主体、客体及载体的有效协同，发挥政府、企业、社会各方积极性，促进多源异构数据依托大数据平台进行加工处理及价值实现。

当前，关于政务数据与社会数据对接利用研究，虽然在理论研究及分析方法上取得了一些新的发现，但也存在不足之处：一是案例研究方面，虽然有效分析了三类典型

---

① 于施洋、郭明军、王建冬等：《政务数据与社会数据平台化对接研究——模型构建与案例验证的视角》，载《情报理论与实践》，2020（5）。

案例，但对于建立一套科学的分析框架而言，三个案例还
显得不足，后续需进一步扩大样本范围及代表性，提升实
证分析结果的信服力，增强研究结论推广应用的可行性和
实效性；二是理论建构方面，只是融合了协同创新理论与
公共价值理论中与数据对接利用相关的内容，还未将两个
理论有机结合来指导数据对接利用实践，今后仍需进一步
探讨，提出一套普遍性的数据治理领域的理论体系。

五、数据对接利用的双维度分析

数据不整合就发挥不出大数据的大价值。[①] 政务数据
与企业数据对接利用模式的演进，取决于数据数量及价值
的变化，在技术的可实现性及社会各方需求的带动下，随
着数量及价值增加，数据对接利用模式从 1.0 版向 4.0 版演
进。在此过程中，随着数据数量及价值的变化，将会出现
四个临界点和两个奇点。

---

① 李国杰、程学旗：《大数据研究：未来科技及经济社会发展的重大战略领
域——大数据的研究现状与科学思考》，载《中国科学院院刊》，2012（6）。

（一）数据对接利用的数量维度分析

回顾半个多世纪的人类信息社会发展历史，处理各种不断增长的数据都是社会的挑战和难题。[①] 从数据规模维度看，随着社会的发展，数据量将迅猛增长。国际数据公司（IDC）预测，2026 年中国数据量规模将达到 56.16ZB，年均复合增长率 CAGR 达到 24.9%，位居全球第一。数据规模的猛增，将带来两个量变到质变的转变：一是数据量超过政府处理能力范围，海量的政府及社会数据将由政府处理转变为由社会机构处理，政府指导、市场化运作下的数据对接模式成为必然选择，这个临界点即市场化临界点；二是政务数据和社会数据比例方面，随着物联网、车联网等技术的广泛部署使用，社会数据将逐步超过政府数据，政务数据、社会数据比例将发生倒转，这个临界点即比例临界点。

[①] 张兰廷：《大数据的社会价值与战略选择》，博士学位论文，中共中央党校，2014。

（二）数据对接利用的价值维度分析

随着数据规模的增加，数据价值也会随之增长，成为政府和企业的一类重要资产，数据资产化的属性将会越发明显，推动数据资产价值链由低端向高端演进。由于数据具有公共价值属性，可以同时在多个领域应用，其价值也将越来越大，因此随着技术进步，数据存储、数据清洗挖掘将实现规模化运营，成本得以降低，而数据的价值则随着数量的增加不断上升。当数据本身的价值大于数据处理成本时，企业便有了收益作为保障，数据真正成为企业的核心资产，专业化的数据型公司将爆发式增长，综合提供数据、推动数据应用、整合数据加工的新型公司将具备明显竞争优势，此临界点即收益临界点。进一步发展，将会达到另一个临界点，即数据在各领域的总体应用价值大于其在某一领域的价值。为了更好地服务于其他领域的应用，其存在形式就要根据使用领域而定，考虑到各应用领域的数据存在形式往往有差异，但总会有一个最小公约数，为了提高数据应用效率，数据将按照最小公约数的要求进行标签化，形成共性的、满足各应用的存在形式，此即存在临界点。在此临界点，通过数据标签化，能够解决原始数据共享的隐私及安全隐患问题。

（三）数据对接利用的双维度奇点分析

在四个临界点的交点处，会形成两个奇点。一是万物数化的奇点，即市场临界点和收益临界点对应的位置。在这个奇点，数字成为社会万物存在的主要形态，物质本质越发表现为数字化，政府将把数据运营授权给专业的数字化公司，企业通过数据不见面、模型算法见面的方式，将政务数据与企业数据进行对接融合，开发新产品和服务，满足政府和社会的需求。二是万物智联的奇点，即比例临界点和存在临界点对应的位置。在这个阶段，数据对接利用模式，将克服只有模型算法见面的制约，不同应用场景并不需要单独开发不同的模型算法，各数据使用方均可通过具有共性的数据特征进行政务数据和社会数据的融合利用，数据完成了标签化存在，同时，万物数化也随之晋级为万物智联（见图 3-5）。

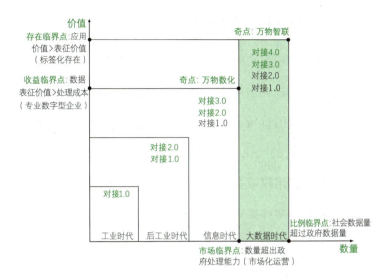

图 3-5　数据对接的代际演进模型

第三节　分析模型对数据价值构建
及量化研究的验证

　　上一节中，我们通过三个典型案例对"三体两向"分析模型进行了定性验证。本节将应用定量分析方法，进一步检验"三体两向"分析模型的合理性，同时对数据价值进行量化评估。

一、数据三种价值的研究

正如资本在流动中实现价值，数据也是在流动中创造价值。数据通过在主体维、客体维、载体维的跨维运动，对应实现相应的价值。数据在各个维度内部的流转运动，是不产生价值的。比如数据在政产学研等主体之间的运动，实现了使用权或控制权的转移，但并未直接创造经济价值；数据在客体维内部流动时，不仅不产生价值，反而会带来采集、存储、安全维护等成本。数据价值的产生，需要通过跨维运动实现。

（一）数据在维内运动的特点

主体维内的运动关键是协同。产学研协同创新各主体合作共创的根本出发点是创造价值、实现更大利益[①]，联盟内多主体间能否顺利开展价值共创活动决定了联盟运行的成败[②]，而公平合理的利益分配机制是产学研联盟组建、有效

---

① 项杨雪、梅亮、陈劲：《基于价值创造的协同创新本质研究——以浙江大学协同创新中心为例》，载《科技进步与对策》，2015（23）。
② 胡艳玲、高长元、翟丽丽等：《服务主导逻辑下大数据联盟数据服务创新价值共创机理》，载《情报理论与实践》，2019（3）。

运行的基本要素①。数据价值的实现过程，涉及政产学研多方主体，要充分释放数据价值，首先要解决主体间的协同，充分调动各主体积极性。同时，也只有合理分配好数据产生的价值，建立利益共享、风险共担的协同创新共同体，才能更好地推动各主体协同配合，确保健康可持续运行。

客体维内的运动重在融合。数据在客体维表现为各主体所拥有的数据，比如政府所有的政务数据，企业生产经营活动产生的企业数据，互联网上沉淀的用户行为数据，社会第三方所拥有的数据等。数据价值的激发，不仅是主体自身价值的利用，更重要的是主体间多源异构数据的共享融合、开发利用，政务数据与社会数据的对接利用，成为未来最为重要的数据治理及开发利用方式。

载体维内存在四种运行模式。数据平台是数据价值实现的载体，如果单个主体对自有数据进行加工处理，依托本单位数据平台即可。数据价值往往由多主体数据汇聚

---

① Meade L.M., Liles D. H., Sarkis J., "Justifying Strategic Alliances and Partnering: A Prerequisite for Virtual Enterprise," *Omega*,1997,25(1):29-42 .

后产生，数据平台所发挥的具体功能多种多样，形成了四种主要的运行模式：一是通道型，指数据平台不对数据进行加工处理，仅作为数据从此数据平台转移到彼数据平台的通道；二是嵌入型，指将分析处理数据的模型算法植入数据平台中，对数据进行加工处理，数据不脱离平台，模型算法可以根据实际需要随时改进、实时导入；三是融合型，指不同主体的数据平台通过技术改造升级实现关联对接，不仅能够实现数据跨平台流动，而且可以在不同平台上加工处理其他主体的数据，数据通过数据治理平台实现跨主体、跨系统的对接融合；四是一体型，指相关利益主体共同建设数据平台，平台设计建设是为了对各主体数据进行有效汇聚处理，常见的政企共建大数据平台即属此类。

（二）数据跨维运动产生三种价值

数据通过三种跨维运动，产生三种相应的价值。一是当数据由主体维供给客体维时，产生的是数据的内在价值，即数据对于主体的价值。比如，通常所讲的部门或企业将数据作为自身资产不愿共享开放，这里的自身资产即内在价值。二是当数据依托载体维进行加工处理时，产生的是数据的表征价值，即数据所应承载的价值。比如将数据比作黄金、石油，这个价值即属于表征价值。三是数据依托载体为主体提供服务时，产生的是数据的应用价值。大家常说的数据支撑政府决策、培育大数据产业，即属此类，也就是通常所说的狭义上的数据价值（见图3-6）。

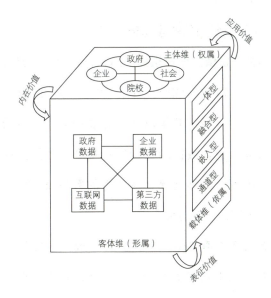

图3-6　基于协同创新的数据价值分析模型

二、基于协同创新的"三体"模式在数据价值量化中的研究

数据的应用价值、内在价值、表征价值是数据总价值的三个组成部分。三者之间不存在交叉重叠关系，是既关联又互补的有机整体，数据总价值等于应用价值、内在价值、表征价值三者之和，可用来衡量数据开发工作的价值及意义的大小。

（一）数据价值的衡量指标

数据内在价值的衡量指标。内在价值表示的是数据对于主体的价值。以政府和企业作为考察对象，政府数据的内在价值可分为政府的政策落实、专项任务及政府治理能力提升等方面；企业数据内在价值包括企业数据治理与企业战略的匹配度、数据支撑企业业务的数量及深度、数据应用带来的经济价值等方面。

数据表征价值的衡量指标。表征价值主要是指数据自身在没有被利用状态下的价值，比如，各主体拥有的数据量、对数据处理形成的数据标签量、数据覆盖的领域及关联领域等均可以作为表征价值的组成部分。

数据应用价值的衡量指标。按照政府、企业、社会三类服务对象，应用价值可分为决策支撑价值、民生服务价值、经济价值三类。决策支撑价值包括为政府提供大数据决策参考、开发反映经济社会发展情况的大数据指数等；民生服务价值包括数据共享开放支撑的便民服务数量、节省群众办事时间及费用等；经济价值包括数据服务企业的数量、形成的大数据产业产值等（见表3-2）。

表3-2　数据价值的衡量指标体系表（以政企数据对接利用为例）

一级指标	二级指标	指标内涵
内在价值	政策落实（政府）	与数据价值实现相关的政策
	专项任务（政府）	与数据价值实现相关的政府专项任务
	治理创新（政府）	数据驱动的政府治理创新
	战略符合（企业）	数据治理工作与企业发展战略的契合度
	业务拓展（企业）	数据支撑企业业务的数量及深度
	收益情况（企业）	数据对企业产值的贡献多少
表征价值	数据量	各类数据的数量多少
	标签量	数据形成数据标签的多少
	覆盖领域	数据分属具体领域的多少
应用价值	决策	对政府决策提供的数据支撑
	民生	服务群众、企业办事节省的时间及费用
	经济	大数据产业的产值

（二）数据价值指标的意义

通常所说的数据价值往往是指数据的狭义价值，即应用价值。单纯的应用价值，只是数据被利用产生的数据价值的一小部分，无法衡量数据价值的潜力，只是根据当前利用程度所做的评估，忽视了数据未来的价值创造能力，忽略了技术创新对数据价值的影响。将数据价值分为应用价值、内在价值和表征价值三个部分，为深入分析数据的开发度、利用度以及主体的获利度提供了有效工具，由三类数据价值，可以派生出以下六项重要的数据价值衡量指标。

（1）总价值 V_T ＝应用价值 V_U ＋内在价值 V_I ＋表征价值 V_C，用来衡量数据开发利用工作的价值和意义。

（2）利用度 D_U ＝应用价值／总价值，用来衡量数据价值的实现程度，可反映政府治理水平及大数据产业发展程度。D_U 越大，则政府治理水平或大数据产业发展水平越高。

（3）获利度 D_P ＝内在价值／总价值，用来衡量数据价值对主体的满足力度，可反映各主体的协同程度。D_P 越大，则数据价值开发过程中各主体的协同度越高。

（4）开发度 D_E ＝表征价值／总价值，用来衡量数据加工处理的深度，可反映先进数据技术的利用程度。D_E 越大，表明新一代信息技术应用越充分。

（5）政企数据价值比（$V_G／V_B$）＝（决策价值＋民生价值＋政府内在价值）／（经济价值＋企业内在价值），用来衡量各主体获得的数据价值，可作为政企价值分配的参考。$V_G／V_B$ 越大，反映各主体合作过程中政府获利越大，越小则反映企业获利越大。如果比值趋向 1，则表明政企获利程度相当。

（6）政企数据数量比（$Q_G／Q_B$）＝政府数据量／企业数据量，用来衡量各主体投入数据资源的多少，可反映主体积极性。$Q_G／Q_B$ 越大，反映各主体合作过程中政府投入数据资源相对越多，越小则反映政府投入越少。

政企数据价值比有助于分析主体间的利益分配，政企数据数量比可以反映数据价值创造过程中的数据供给责任，两者结合，能够反映政企承担的责任及获得收益的大小。如果政企数据价值过大，但政企数据数量比过小，如 $V_G／V_B$ >2 且 $Q_G／Q_B$<2，表明政府贡献数据量较少但获得了数据价值中较大比例，政企间责与利出现倒挂，这种模式

将会导致合作难以持久，需要政府在政策、资金、税收等方面为企业提供优惠，以促进政企间责权利的匹配。理想的情况应是 V_G / V_B 与 Q_G / Q_B 数值相当，表明各主体获得的利益与付出的成本相匹配。

三、案例验证分析

数据价值及衡量指标形成之后，需要通过案例检验其有效性。通过案例研究，研究者不仅能将数据三类价值的产生过程及主体－客体－载体之间的有机协同进行客观展现，还能够通过量化分析法，计算三类价值的具体数值，从而为提升数据价值产生过程中各主体的协同度提供参考。

（一）数据价值的案例剖析

国家信息中心依托国家信息中心数字中国研究院机制（政产学研用协同创新共同体），与大数据领域的政产学研机构开展数据共享及业务合作，通过政府数据、企业数据对接利用，形成数据决策分析产品，为提升政府数据治理水平提供支撑服务。以支撑国家有关部门决策为例，国家信息中心通过数字中国研究院机制，以虚拟专用网络

（Virtual Private Network，以下简称"VPN"）的方式访问
数联铭品公司的数据治理平台 BBD 数据仓库，将所需要的
企业基础数据、专利数据、税务数据等导出来并处理形成
分析结果。同时，通过 API 访问国家公共资源交易平台，
导出所需要的招投标数据并处理形成分析结果。根据上述
数据分析结果，国家信息中心对重大项目事中事后监管、
消费升级、区域创新活跃度等进行分析预判，为有关部门
提供大数据决策参考。

　　整个工作中，数据应用价值主要体现在为国家相关
部门提供数据分析报告以支撑政府决策。数据的内在价值
体现在两个方面：对数联铭品公司来说，企业基础数据、
专利数据、税务数据体现其内在价值；对国家信息中心而
言，招投标等数据体现了其内在价值。数据表征价值也体
现在两个方面，企业基础数据、专利数据、税务数据相对
于其依托的 BBD 数据仓库，体现其表征价值；招投标等数
据相对于其依托的公共资源交易平台，体现其表征价值。

　　数据价值的实现过程，是从数据内在价值到表征价
值，最后到应用价值的过程。数据应用价值只是数据总价

值的一个组成部分，内在价值、表征价值往往可以转化成更大的应用价值，需要在其他领域以其他方式体现。整个数据对接利用过程中，国家信息中心、数联铭品公司通过数字中国研究院机制实现了有机协同，政府数据及企业数据也通过数据加工分析实现了业务协同，BBD 数据仓库及公共资源交易平台作为数据存储载体及流动通道，为采集及处理数据提供了技术支持（见图 3-7）。

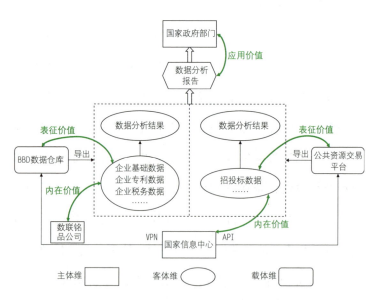

图 3-7　三类数据价值在支撑政府决策中的应用

（二）数据价值的量化分析

本研究基于协同创新理论和公共价值理论形成了数据价值衡量指标体系，分为 3 个一级指标及 15 个二级指标：一级指标从数据价值三大分类角度进行划分，二级指标遴选了可反映各数据价值主要特征的易得性指标。根据三类数据价值的内涵及构成，我们对各级指标进行赋权，为统计分析方便，将每项二级指标得分的分值区间设定为 [0, 10]，通过加权之后，得出每项指标的加权分值（见表 3-3）。

表 3-3　数据价值测量表

一级指标及权重	二级指标及权重	得分	加权分值
内在价值（30）	政策落实（政府）（5）	0	0
	专项任务（政府）（5）	10	5
	治理创新（政府）（5）	5	2.5
	战略符合（企业）（5）	10	5
	业务拓展（企业）（5）	10	5
	收益情况（企业）（5）	5	2.5
表征价值（20）	数据量（政府）（5）	5	2.5
	数据量（企业）（5）	10	5

续表

一级指标及权重	二级指标及权重	得分	加权分值
表征价值（20）	标签量（政府）（3）	5	1.5
	标签量（企业）（3）	10	3
	覆盖领域（政府）（2）	1	0.2
	覆盖领域（企业）（2）	4	0.8
应用价值（50）	决策（15）	10	15
	民生（15）	5	7.5
	经济（20）	0	0

按照以上赋权得分，我们得出各数据价值指标的分值。

应用价值 V_U = 15+7.5+0 = 22.5

内在价值 V_I = 0+5+2.5+5+5+2.5 = 20

表征价值 V_C = 2.5+5+1.5+3+0.2+0.8 = 13

数据总价值 V_T = 应用价值 V_U + 内在价值 V_I + 表征价值 V_C = 55.5

利用度 D_U = 应用价值 V_U/总价值 V_T = 40.5%

获利度 D_P = 内在价值 V_I/总价值 V_T = 36.0%

开发度 D_E = 表征价值 V_C/总价值 V_T = 23.4%

政企数据价值比 V_G/V_B =（决策价值 + 民生价值 + 政府内在价值）/（经济价值 + 企业内在价值）= 2.4

政企数据数量比 Q_G/Q_B =政府数据量 / 企业数据量 = 0.5

通过以上定量分析可以得出以下结论。

1. 数据总体价值的实现度不高。数据总体价值只有 55.5 分，表明数据处于较低利用水平，数据尚有更多潜在价值未激活，其原因主要有两个：一是数据价值主要用于支撑政府决策，服务民生程度较低，更重要的是没有产生经济效益；二是该项服务是为满足政府交办的一项工作任务，还未成为政府常态化、机制化的服务需求，当利用频次不断增加时，数据价值也会随之增大。

2. 数据应用于政府治理的效果较好。数据利用度、获利度、开发度分别为 40.5%、36.0%、23.4%。利用度数值最高，表明数据在支撑政府决策方面成效较好。数据开发度数值最低，反映了数据覆盖领域较为局限，更重要的是，由于数据平台主要发挥通道作用，其对数据进行深度加工处理的能力较弱。

3. 政府获利较大而企业收益较低。该案例中，政企数据数量比只有 0.5，而政企数据价值比却达 2.4，两者对比可知，虽然政府提供的数据量只有企业的一半，但政府以较少的数据量带动更多企业数据资源投入，获取了更大的数据公共价值。政企数据对接利用主要用于支撑政府决策是本案例的显著特点。

4. 合作的可持续性存在风险。 企业提供了较多数据，但难以获得相应的经济利益，长此以往，如果没有其他方面的补偿，可能影响企业参与此项工作的积极性，政社数据对接利用的可持续性存在较大隐患。

5. 建立协同创新共同体是规避风险的有效举措。 这项工作主要是为政府提供决策支撑服务，虽然企业投入资源较多而获取利益较少，但还能持续投入，反映了数字中国研究院协同机制的优势，有助于弥合主体间责权利的不匹配，促进主体间的协同配合，推动政企共同开发利用数据资源。

小结　构建政社数据对接利用的分析方法

本章基于协同创新理论及公共价值理论，将协同理念、价值理念应用到政社数据对接利用全流程，根据协同维、价值维两大维度，结合对接利用所涉及的主体（政产学研用各方）－客体（各类数据资源）－载体（数据分析平台）三类要素，构建政社数据对接利用的分析模型，对主体、客体、载体的内涵进行细化，解决分析什么、如何分析的问题。"三体两向"分析模型实现了从理论假定到分析方法的推演，三大典型案例完成从实践应用到分析方法的印证研究，形成了体系化的政社数据对接利用研究方法，为政社数据等多源数据开发利用提供了可行的解决之策。同时，基于协同创新理论阐述了数据价值形成机理，提出了数据价值的三大构成部分，并进一步构建了数据价值的衡量指标体系：理论层面，为数据价值研究探寻了一个契合的指导理论，拓展了协同创新理论的应用范畴，为数字经济时代继承、重构、发展协同创新理论提供新的视角；实践层面，基于协同创新理论推导出的数据价值指标体系，可以量化数据的开发程度、利用程度以及各主体的投入情况、价值分配情况，为界定各主体的权责利、增强主体协同度提供客观参考。

第四章

论"术"：厘清运行机制

数据治理之"术"。

——厘清运行机制，回答"是什么"——

"术以立策"。"术"即方式手段。坚持循法施术，通过明确政社数据对接利用的运行机制，解决谁来运行、运行什么、运行流程、运行目标等问题。

第一节　新运行机制模型的构建

政务数据与社会数据对接利用的运行机制，是架起理论研究与实践应用之间桥梁的关键环节。从已有文献分析可知，协同创新理论和公共价值理论是分析指导政社数据对接利用的有效理论，在具体运行机制方面，我们将利用两个理论作为研究的逻辑起点。同时，基于协同创新理论和公共价值理论推导出来"三体两向"分析模型及"三类数据价值"分类法，分别解决了如何分析问题及分析问题的目标导向，为运行机制模型的构建提供了方法层面的支撑。本章将针对政务数据与社会数据对接利用缺少明确运行机制的问题，基于协同创新理论和公共价值理论，借鉴"三体两向"分析方法，构建"三螺旋"运行机制，从而明确政社数据对接利用的运行机制、实施流程及分型分类。

一、理论基础及构建依据

针对政务数据与社会数据对接利用缺乏运行机制的问题，基于协同创新理论和公共价值理论，在借鉴已有研究成果基础上，紧扣"主体－客体－载体"三个维度，本章从维内协同、维间协同、过程协同、协同价值实现等角度出发，构建政务数据与社会数据对接利用运行机制，旨在为政府、企业、社会开展政社数据对接利用实践提供指导。

（一）协同创新理论的有效指导

从协同创新理论的基本理念可以看出，它所诠释的协同，既包括主体层面，也包括要素层面及过程层面，协同创新理论所具备的这种多元体系复杂协同的特征，正是政社数据对接利用过程所必需的。

研究可知，协同创新作为研究多主体、多系统关系的理论，已成为研究多源数据治理的有效理论，能够为政社数据对接利用机制研究提供重要指导，而且已经在定性模型构建及定量价值评价两方面，为政社数据对接利用提供了理论基础。运行机制作为分析模型及定量评价的进一步深化应用，可首选协同创新理论作为指导理论。

聚焦政社数据研究议题，结合已有研究成果，协同创新理论可以从多元协同方面指导政社数据运行机制，具体而言，包括"主体－客体－载体"三个维度之间的协同，同时也包括"主体－客体－载体"三个维度内部各要素的协同。

（二）公共价值理论的有效指导

公共价值理论能够促进数据满足政府决策、社会治理的需求，实现公共价值。聚焦政社数据研究议题，公共价值理论可以为实现政社数据对接利用提供价值实现的指导。公共价值理论融合协同创新理论，能够为政社数据对接利用提供方法手段和价值目标层面的指导。

协同创新和价值实现之间的关系极为密切，协同创新是实现价值的手段，价值实现是协同创新的目的。协同创新理论研究了促进各主体、各元素之间的协同配合问题，从协同创新理论的创建来看，其本质是价值导向。[①]大数

---

① 郭明军、于施洋、王建冬等：《协同创新视角下数据价值的构建及量化分析》，载《情报理论与实践》，2020（7）。

据价值创造的实现，离不开良好外部环境的支持，离不开各利益主体的协同配合。[1] 价值是主体与客体间相互作用的结果，是在人与行为或对象之间的某种关系中产生的。[2] 协同创新作为研究各类主体和客体之间关系的理论，其本质特性是主体间的互动、互惠及整合，其基本动机是提升自身利益。[3] 协同创新通常是政产学研等各创新主体，为实现自身价值而进行的价值创造过程[4]，协同创新研究与实践的根本意义在于创造价值，价值创造是协同创新内涵的核心及实践活动的驱动力[5]。价值创造产生于产学研用协同创新的每个环节，均发挥着不同程度的创造价值作用，从

① 向阳、王敏、马强：《基于 Jena 的本体构建方法研究》，载《计算机工程》，2007（14）。

② 汪辉勇：《论价值的本质特征及其定义》，载《湘潭大学学报（哲学社会科学版）》，1999（6）。

③ 周志太：《基于经济学视角的协同创新网络研究》，博士学位论文，吉林大学，2013。

④ 陈劲、阳银娟：《协同创新的理论基础与内涵》，载《科学学研究》，2012（2）。

⑤ 项杨雪、梅亮、陈劲：《基于价值创造的协同创新本质研究——以浙江大学协同创新中心为例》，载《科技进步与对策》，2015（23）。

而在整体上实现更大的价值。① 上述研究表明，协同创新本质上就是研究多元主体的价值创造理论，完全契合政社数据价值实现过程中的多主体协同、多要素融合及多过程联动特点。

（三）"三体两向"分析模型的深化应用

基于协同价值理论和公共价值理论构建的"三体两向"分析模型，是研究政社数据对接利用的有效方法。主体层面，从主导方、参与方、建设方、使用方、出资方等方面分析了多元主体，并明确了各主体角色定位、主要职责、具体分工；客体层面，从政务数据来源、政务数据资源、社会数据来源、社会数据资源、数据对接路径、数据对接方式等方面，明确了数据对接内容及对接方式；载体层面，从依托平台、建设机制等方面，明确了所依托的数据分析平台以及平台的建设机制。"三体"的分析维度，可以作为运行机制的有效参考维度。在问题导向方面，通过各

---

① 周青、许倩：《价值创造视角下产学研协同创新运行模式》，载《技术经济》，2017（10）。

种数据的开发利用，瞄准破解政府决策、便民利企方面的难点痛点；在目标导向方面，通过激活数据价值，满足政府提升治理能力、企业创造经济价值和实现社会公共价值的需求。问题导向及目标导向的"两向"理念，能够解决主体的利益诉求问题，实现各主体开展政社数据对接利用的目的，保障各项工作的可持续性。将"三体两向"理念应用到运行实施领域，从分析层面到实践层面，将进一步深化其应用场景，为实践中的政社数据对接利用提供指导。

（四）三类数据价值的深化应用

从"主体－客体－载体"三维协同角度推导出来的三类数据价值，是实现"两向"的基本条件，只有激活数据价值，才能满足各主体开展政社数据对接利用的初衷和目的。同时，内在价值、表征价值、应用价值的量化思路，也为运行机制的定量研究提供了参考借鉴，有助于运行机制的分类及评价。

数据由主体维供给客体维时产生数据的内在价值，即数据对于主体的价值，数据依托载体维进行加工处理时产生数据的表征价值，即数据所应承载的价值，数据依托载体为主体提供服务时产生数据的应用价值，其中在社会公共领域的价值表现为数据的公共价值。在政社数据运行的过程中，不断产生三类价值，通过三类价值的转换，最终形成数据的应用价值，体现了公共数据价值的实现。①

综上分析，协同创新理论和公共价值理论，能够有效分析政社数据对接利用中"主体－客体－载体"三维之间及三维内部的协同、不同环节的协同，同时指导数据价值的实现及价值在各主体内部的分配。基于上述两个理论的"三体两向"分析模型，能够为运行机制研究提供有效的分析方法，数据三类价值划分，能够为运行机制研究中数据价值实现提供分析方法。

二、"三螺旋"运行机制模型

面向"主体－客体－载体"三维的维内协同、维间协同、过程协同、价值实现，是政社数据对接利用过程中的核

---

① 郭明军、于施洋、王建冬等：《协同创新视角下数据价值的构建及量化分析》，载《情报理论与实践》，2020（7）。

心研究内容，以维内协同为基础，通过过程协同实现维间协同，最终完成政社数据对接并实现数据价值。本研究将"三体"协同形象地称为"三螺旋"模型，包括维内协同、维间协同、过程协同三个方面，是协同创新理论的具体应用。而价值实现环节，既是公共价值理论的应用，也体现了协同创新理论的应用。"三螺旋"运行机制，能够回答谁来运行、运行什么、运行流程、运行目标等问题（见图4-1）。

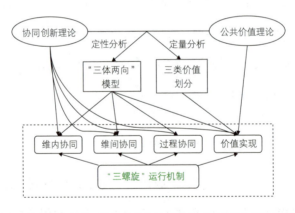

图4-1　基于协同创新理论与公共价值理论的"三螺旋"运行机制推演

（一）维度选择

"三螺旋"三维度的选择，代表了运行机制的三个不同性质的系统，包含了政社数据对接利用的三个主要方面，三者有机协同、缺一不可。这里需要指出的是，为何确定了"三螺旋"，而不是"双螺旋"或"四螺旋"。

1.**主体维选择的原因**。从协同创新理论的起源看，理论本身是要为了解决主体间的协同效率问题，主体协同是协同创新的宗旨所在，所以"三螺旋"的第一个维度——主体维的选择，是首先应具备的基础维度。

2.**数据维选择的原因**。对于政社数据对接利用工作，主体协同的主要内容之一，就是将各自拥有的数据共享出来并与其他数据融合利用，在主体的协同过程中，也体现了主体所持有的数据层面的协同。当前，政社数据对接利用的难点就是数据难共享、数据质量不高、数据价值难释放，数据问题是困扰政社数据对接利用的突出问题，如果没有各类数据之间的共享融合，就失去了数据对接利用的核心要义。故而，"三螺旋"的第二个维度——数据维，是维度选择的核心内容。

3.**载体维选择的原因**。综合上面两项分析，主体维、数据维的"双螺旋"是容易被广泛理解和接受的。那么，为何要加上载体维呢？这也是本章的一个创新点，是其他多数研究尚未涉及的领域。分析原因，主要有两个方面：一方面，仅有主体协同和数据协同，是无法实现数据对接利用的，充其量也只是能够实现数据共享开放的工作，而数据的脱敏处理、深度加工、创新利用等工作，都是无法实现的，也就是说，主体维、客体维不是政社数据对接利用的充分条件；另一方面，在数据的三类价值中，如果没有平台载体，就无法产生数据表征价值及应用价值，数据协同价值就无法同时实现。故而，"三螺旋"的第三个维度——载体维，也是不可或缺的。

（二）维内协同

维内协同包括三个方面：一是各主体之间协同，即政产学研用参与主体，加强权责体系建设，明确政府主体、社会主体、企业主体的职责分工[①]，围绕释放数据价值、实现既定的政府治理、民生服务、经济发展等目标，开展协

---

① 赵志浩：《城市基层政府大数据治理体系研究——以长沙市 F 区为例》，硕士学位论文，湖南师范大学，2020。

同配合，加强政策、资金、技术、知识、人才等方面的相互配合；二是多源数据之间的共享融合，即政务数据、社会数据如何通过平台进行对接，如何加工处理形成可用的数据要素，为数据价值释放做好准备；三是数据平台之间的协同，即要打通系统孤岛，促进政府数据平台之间、政府数据平台与企业数据平台之间、企业数据平台之间的互联互通，为数据对接利用提供技术支撑。

（三）维间协同

维间协同包括三个方面：一是主体维与客体维的协同，即政府、企业等各参与方将各自所拥有的数据进行梳理，然后促进各数据跨主体的对接利用；二是主体与载体的协同，即政府、企业对数据平台功能进行改造提升，促进数据平台实现跨部门、跨系统的互联互通；三是客体与载体的协同，即数据在平台间进行流转，数据通过平台系统进行采集汇聚及加工处理，依托平台释放数据价值。

（四）过程协同

政社数据对接利用过程非常复杂，需要经历各主体数据资源的梳理、清洗、对接、开发、利用等环节，依托平台进行加工处理，通过采取合适建设模式，由相关主体对数据进行分析利用，最终释放数据价值，满足各主体的利益诉求。按照数据治理的生命周期，将数据对接利用过程分为准备期、对接期、利用期、增值期四个环节，在各个环节之间，主体、客体、载体都要进行协同。

（五）价值实现

依据三类数据价值的划分原理，数据通过跨维运动，分别实现数据的内在价值、表征价值和应用价值。从主体维到客体维的协同，数据权益发生转化，在数据所有权不变的前提下，数据的处置权、收益权可发生转变，在此过程中，政策环境是最大的影响因素。从客体维到载体维，数据的存在形态发生了转换，政务数据、社会数据要对接共享，就要按照统一标准进行转化，在这个转化过程中，技术环境是最为重要的支撑。从主体维到载体维，需要解决依托哪个数据平台进行政社数据的对接利用，数据平台的建设模式是政府主导、企业主导还是政企共建，需要明确运行转化的模式，在此环节，市场环境是影响运行模式选择的关键因素。

（六）总体运行机制

通过以上分析，为政社数据对接利用运行机制找到合适的理论依据及分析工具，从而构建了政社数据对接利用"三螺旋"运行机制，通过"主体－客体－载体"三者的"螺旋"化运行，在三者的协同中实现数据的公共利用价值（见图 4-2 ）。

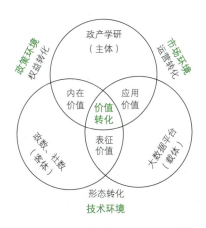

图 4-2　"三螺旋"运行机制模型构建

第二节　运行机制的实践验证

　　为验证"三螺旋"运行机制模型的有效性，本章选择三大典型案例进行分析。通过国家相关部门及地方政府调研、企业走访、专家座谈、文献检索、互联网信息查询等方式，寻找典型案例。在政府侧，从国家发展改革委、交通运输部、海关总署等政府部门以及广东、浙江、上海、贵州、广西等地方政府寻找典型案例；在企业侧，从华为、阿里巴巴、浪潮、中国联通、中国电科、数联铭品等企业寻找政企数据对接利用案例。综合分析所获得的十余个案例，又从政务、民生、经济等三个典型应用场景进行分类，最后综合考虑案例的代表性，选择国家发展改革委互联网大数据分析（政务领域案例）、广西"桂建通"（民生领域案例）、福建"单一窗口"（经济领域案例）作为典型案例进行验证分析，明确了政社数据对接利用的主要环节、对接利用过程及建设模式等内容，验证了运行机制模型的有效性。

一、政务领域实践案例：国家发展改革委互联网大数据分析

（一）背景情况

国家发展改革委互联网大数据分析平台是在政府指导下，以事业单位和企业联合共建方式打造的支撑政府决策的大数据分析系统，平台的技术支撑及日常运维由合作企业提供，政府通过购买服务方式，解决平台建设运维的资金需求。为确保大数据分析平台能够满足政府决策需要，同时不增加政府事业编制压力，国家发展改革委批准组建了非法人的工作协作平台——互联网大数据分析中心，由下属事业单位国家信息中心于 2015 年 3 月牵头组建，并由信息中心一个处室具体承担相关研究及管理等工作，面向国家部委及地方政府部门提供大数据分析研究、支撑政府决策。同时，由国家发展改革委互联网大数据分析中心承担云中心建设。通过汇聚分析各类政务数据和社会数据，大数据分析平台为政府决策提供了强有力的数据支撑，将大数据手段应

用到政府行政决策中，有效提升了政府科学决策水平。[①]

（二）主体维：政府、企业等多主体协同

国家发展改革委互联网大数据分析平台是由国家发展改革委立项投资[②]、国家信息中心会同相关互联网企业共同建设，国家发展改革委互联网大数据分析中心具体承担数据加工分析等技术支撑，国家信息中心负责编写大数据分析报告以支撑政府科学决策。

（三）客体维：政府、社会数据对接利用

通过国家发展改革委互联网大数据平台汇聚的跨部门政务数据及各类社会数据，应用语义分类、话题识别、热点探测、情绪判断、信息可视化等技术，充分释放政社数据对接利用价值，为政府科学决策提供数据支撑（见表4-1）。

---

① 程承坪、朱明达：《大数据时代的政府与市场关系探讨》，载《中国软科学》，2019（9）。
② 《国家发展改革委互联网大数据分析系统项目成交公告》，中国政府采购网，http://www.ccgp.gov.cn/cggg/zygg/zbgg/201604/t20160427_6720246.htm，2023-12-19。

表 4-1　部分数据资源列表

名称	描述
企业工商数据	全国企业信用信息公示系统、国家市场监管总局的相关数据，如市场主体所在省、自治区、直辖市企业信用信息
信用数据	包括国家及地方法院公开的被执行人数据、失信被执行人数据等。信用中国以及各地方信用网的行政许可信息
新闻舆情数据	国内主流新闻网站信息、论坛数据、博客评论信息、微博全量数据、贴吧网民反馈信息、微信公众号数据
行政类数据	数据源涵盖了各部委网站公布的行政处罚数据
招中标数据	各省政府采购网、招标投标公开网上的招标数据、中标数据等
就业招聘数据	赶集、猎聘、拉勾、58同城、智联等网站的就业数据
专利申请数据	国家知识产权局、万方数据库中国内国外的专利数据
裁判文书数据	包括中国裁判文书网公开的裁判文书信息（法院审理过程及结果）
上市公司年报数据	企业年度报告、出资情况信息、资产状况等

（四）载体维：大数据分析平台的技术支撑

国家发展改革委互联网大数据分析平台由互联网大数据分析中心负责建设运维，硬件设施、技术支撑、数据资源等由美亚柏科、中联瑞通等合作企业提供，形成了集数据采集、信息交换、态势研判、数据综合管理、融合分析及智能推送于一体的功能系统[①]，满足了为政府提供数据决策支撑的需求（见图4-3）。

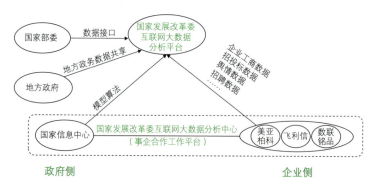

图4-3 国家发展改革委互联网大数据分析平台政社数据对接利用模式

（五）"三螺旋"运行机制有效度的验证

针对利用数据支撑政府科学决策、提升政府数据治理能力，从准备期、对接期、利用期、增值期四个环节，梳理国家发展改革委互联网大数据分析平台数据治理全流程，对政务数据、社会数据对接利用进行分析，检验"主

---

① 《国家发改委副主任宁吉喆：望美亚柏科继续运用大数据"服务"政府决策》，https://www.300188.cn/news/detail/1045.html，2023-12-19。

体－客体－载体"之间协同运行机制。

"主体"维，核心内容是打破传统电子政务组织架构，探索成立了新型事企合作平台。在准备期梳理清楚完成此项任务所必须依托的政府部门及企业，而且涉及主体的数量不用太多，以便于高效协调。根据政府平台、企业平台，各方数据来源情况，选择合适的运作模式。综合考虑政府需求、经费来源、平台功能、平台维护及可持续性，国家发展改革委互联网大数据分析平台采取政府引导、政企共建模式。该模式保障了政府下达的各项任务及时布置完成，为政府预判、分析经济、社会等发展情况提供了有力支撑。

"客体"维，在准备期梳理出政府决策所需的各类数据，在对接期确定能够及时获取的有效数据，比如美亚柏科、数联铭品等公司的企业工商数据、舆情数据、信用数据等，这些数据均由公司推送到国家发展改革委互联网大数据分析平台，国家信息中心在安全可靠的前提下，围绕政府决策需求，灵活制定数据的标签、算法、模型等，对海量数据进行分析，形成数据分析成果。在政社数据对接机制方面，该案例使用了多种对接方式，包括原始数据推送、脱敏数据共享、查询核验、标签库推送、模型算法应用、AI 智能化数据产品等。这些数据价值主要体现在为政府部门提供数据决策支撑。

"载体"维，在准备期明确了各类数据所存放的平台及平台的归属。由于政府平台不具备强大的数据汇聚及处理功能，而单独依赖企业平台又无法确保安全使用，故而在政府指导下，在对接期依托国家发展改革委互联网大数据分析中心，利用合作企业的数据分析平台打造了新型的互联网大数据分析平台，通过对接其他政府部门及企业的数据平台，打通政社多方数据共享渠道。

通过三个维度的分析可以发现，支撑政府决策的政府部门数据、互联网数据、企业画像数据等，既可以通过原始数据共享，也可以通过模型算法、接口方式、数据标签、AI 智能数据等方式共享，依托国家发展改革委互联网大数据分析平台加工处理数据并进行对接利用。纵观整个运行流程，各类数据的开发利用，主要用于支撑政府科学决策，满足政府对各类数据的分析需求，提升政府精准决策能力。在"主体－客体－载体"三者的协同运行过程中，实现了政社

数据在政府治理领域的公共价值，印证了"三螺旋"运行

机制在政务领域应用的有效性（见图4-4）。

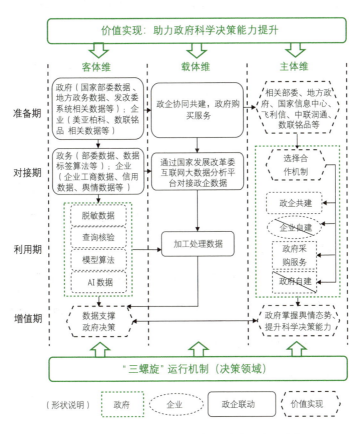

图4-4　"国家发展改革委互联网大数据分析平台"

政社数据对接利用运行机制

155

（六）数据公共价值实现

国家发展改革委互联网大数据分析中心开发利用数据的模式，采取了"农村包围城市"的迂回策略，起初以互联网上免费、公开的数据挖掘为主，然后走向政府部门内部，把政务数据与互联网数据有机结合起来，围绕政策评价、经济监测、形势分析等领域，形成大数据分析报告，全面提高大数据在决策、监管、服务等各领域的应用水平。[①] 围绕发展规划、宏观经济运行、体制改革、价格管理、产业发展、地区经济、环境气候、社会就业、信用建设等热点业务，通过演进趋势分析、话题公众情绪判断、互联网传播态势分析、舆情关联分析，实现热点话题的相关地点、机构、人物、正负面观点等数据自动抽取关联，助力政府快速掌握互联网舆情态势演进情况，提升政府科学决策的及时性、准确性。

[①] 《国家信息中心于施洋：政务大数据何以"舍近求远"？》，http://cnews.chinadaily.com.cn/2016-05/25/content_25464835.htm，2023-12-19。

二、民生领域实践案例：广西"桂建通"

（一）背景情况

广西"桂建通"（广西建筑工人管理服务信息平台[①]）是由广西壮族自治区住房和城乡建设厅组织开发，中国－东盟信息港股份有限公司（以下简称"中国东信"）具体承建运维的建筑劳务实名制平台。"桂建通"平台是政企联合共建、合作共赢的大数据平台建设的典型案例。自2018年上线运行以来，"桂建通"平台实现了认证考勤设备、银行工资代发系统、政府业务系统的跨系统对接，为全区建筑企业提供了统一线上项目管理平台。

截至2020年9月，已有9000多家企业在平台注册，超过190万名建筑工人实名录入。仅在南宁市，就有1500多项工程、26万多名工人数据实现平台共享，南宁市"桂建通"发卡量也突破20万人次。依托"桂建通"平台，政府部门实现了对全区所有建筑工地实名考勤、工人工资代

[①] "桂建通"平台全称原名为"广西建筑农民工实名制管理公共服务平台"——编者注。

发等环节的全流程监管，各项数据均在全国同类项目中名列前茅。

"桂建通"平台的成功实践，关键在于打通了工人身份认证、出勤情况、参与项目、任聘单位、银行卡账号等全生命周期的数据共享，在运作模式上，由政府引导、充分引入市场化机制，打造了集数据采集汇聚、分析加工、业务协同于一体的数据治理链条，同时，通过政企合作，广泛协同银行、第三方企业等上下游企业，围绕"主体－客体－载体"形成了"三螺旋"运行机制。

（二）主体维：政府、企业等多主体协同

为打造"桂建通"平台生态，中国东信积极推进与上下游企业协同合作，合作企业既包括国家级企业如中国建筑，也包括广联达、金蝶等行业知名企业，广西本土企业有建工集团及路桥公司，商业银行包括中国银行、中国工商银行、中国建设银行、中国农业银行、华夏银行、广西北部湾银行等，同时还包括本地第三方企业。

为争取政府相关政策支持、资金支持，中国东信在自治区住建厅指导下，积极协调申请国家层面数据共享，联

通自治区各级政府工程项目信息，形成了良好的政企合作模式。

1. 政府积极引导

政府在"桂建通"推动应用方面，发挥了积极推动作用。2018年10月"桂建通"上线运行之初，自治区住建厅对全区下发上线试推广通知，指出自治区建筑工人实名制管理公共服务平台的重要意义和推广检查要求，为平台初期建设推广奠定了良好基础。2020年，自治区住建厅进一步强化全区建筑工人实名制管理，在"桂建通"启用手机软件移动考勤功能，并制定了考勤标准、监督检查、考勤功能应用及定期考核通报机制。

在政府主导下，建筑工人使用"桂建通"工资卡，统一工资代发，建筑企业及代发银行均依托"桂建通"代发工资，政府进行全程监管。同时，在政务数据对接利用方面，政府发挥了主导作用，无论是公安部、住建部的政府数据，还是自治区内各级政务数据，都由自治区政府积极协调推动。自治区住建厅专门出台文件，要求施工现场考勤数据及时上传，所有符合条件的房建市政工程项目，必须于规定时间将工地考勤数据实时上传到"桂建通"平台。[①]
可以说，没有政府的全力支持，"桂建通"难以全面联通共
享相关政务数据。

2. 合作共赢的互利模式

为实现"桂建通"运营的可持续性，使合作各方都能
获得利益，"桂建通"设计了"五方共赢"合作理念。一是
对建筑企业，能够掌握真实考勤数据、避免恶意讨薪，免
除代发手续费、大幅减少成本。二是对监管方，通过数据
加密直传，保证了数据真实可靠。三是对广大工人，由于
考勤有了客观数据，发薪就有了保障；由于工资卡多项费
用免除，全自治区一卡通用，享受了更多实惠；由于充分
利用信息化手段，有助于全方位服务培育数字经济时代产
业工人。四是对银行而言，庞大而稳定的客户群体，具有
潜在的商业价值，省级代发市场能够产生巨量资金规模效
应，同时也帮助企业提升形象，增强社会影响力。五是对

---

① 《自治区住房城乡建设厅关于进一步加强广西建筑农民工实名制管理公
共服务平台使用工作的通知》，http://zjt.gxzf.gov.cn/zfxxgk/fdzdgknr/wjtz/jzsc/
t1558076.shtml，2023-12-19。

于运营方，多样化商业模式同时推进，能够产生一定的经济收益，可持续运营能力得以增强，同时通过聚合各方企业形成产业生态，有利于实现相关产业延伸。

3. 方便工人办理业务

有了政府各项措施作为保障，依托"桂建通"平台，业务办理更加方便，建筑工人开立工资卡，通过七个步骤可以完成。一是注册平台账号：施工企业按工程注册平台账号，监管单位审批。二是配备管理设施：配置实名采集及考勤管理设备，完成考勤设备接入。三是工资专户开立登记：按要求开立工资专户并在平台登记绑定。四是实名采集从业人员信息：通过"手机＋身份证阅读器"的活体认证模式快速录入人员信息。五是办理"桂建通"卡并绑卡：为未办理"桂建通"卡的工人办卡，并协助绑定至平台。六是落实日常考勤：工地出入严格落实刷脸考勤，记录日常工作信息。七是平台代发工资：劳资员根据考勤记录制作工资单，工资直接发放至工人工资卡。

（三）客体维：政府、社会数据对接利用

"桂建通"平台打通了政府及社会多方数据，实现了政

府身份认证数据、项目施工数据，银行及第三方企业的用工数据、工资发放数据的对接利用，以及人脸识别系统采集的非结构化数据等多类数据的对接利用。

1. 政务数据

"桂建通"平台对接的政务数据主要包括三种：国家部委层面的有公安部人口身份证数据、自治区建筑质量安全监管平台数据、自治区各个项目自建的实名制系统数据。政务数据主要通过系统接口方式进行查验或者通过系统集成进行数据共享。

一是公安部个人身份证数据核验。该数据的共享通过系统接口方式实现。"桂建通"平台依托自治区政务数据共享交换平台，联通公安部的个人身份信息系统，进而进行注册人员个人信息的查询核验，如果比对成功，则输出"通过"，允许进行下一步操作；如果比对失败，则意味着个人输入信息有误，需要再次检查后重新录入。此类数据共享，是"数据不见面"的比对核验，有效规避了个人隐私泄露，同时又保障业务不受影响，体现了"最小、够用"的数据共享理念。为确保个人信息的采集及比对工作顺利开展，建立了统一数据采集规范及政企信息互通机制，由公安部认证的身份证读取设备采集数据，同时基于商用密码保护的人脸识别闸机考勤数据直传，确保数据实现互联互通，打通了跨部门"数据孤岛"。

二是自治区建筑质量安全监管平台的数据共享。为有效共享省建筑质量安全监管平台相关数据，实现"桂建通"平台与建筑质量安全监管平台集成，实名制系统依据人员身份证信息通过系统集成接口向省建筑质量安全监管平台传递项目端人员及考勤信息，实现人员信息与项目质量安监信息的关联。

三是自治区各项目自建实名制系统的数据共享。"桂建通"平台通过与施工单位自建系统集成，按照区级对实名制与分账制的要求，所有工程建筑项目与建筑工人实名制管理公共服务平台进行数据对接，确保人员信息与所参与的项目实现关联对应。

2. 社会数据

"桂建通"平台建设的目的之一，是通过共享多方数据，实现建筑工人的务工信息、参与项目信息、工资发放信息等统一，为此，要广泛关联个人信息、企业信息及银行信息。

个人基本数据：建筑工人通过登录"桂建通"平台注册成为正式会员，并将姓名、性别、年龄、所属行业、就职公司、当前参与项目、工作日期、教育培训等个人信息，传送到"桂建通"平台，完成个人数据的录入，为下一步实现用工单位、工资发放单位的信息统一做好准备。

第三方企业数据：工程建筑领域参与合作的第三方施工企业，以及开展承包及劳务分包的企业，均须联通"桂建通"平台，实现企业工程项目信息的共享，比如建筑从业人员在该公司实时考勤信息，人脸考勤终端收集实时考勤照片信息，人员的进出场数量、人次、频率等信息以及工程进展情况信息等。

银行数据："桂建通"平台与中国银行、中国工商银行、中国建设银行、中国农业银行等六家银行建立合作关系，工程项目的各参与企业须在合作银行设立工人工资专用账户，通过绑定"桂建通"实现与银行代发工资信息的实时联通。商业银行数据通过系统接口方式，与"桂建通"平台实现对接联通、开展数据共享。

3. 政社数据对接利用

各类政务数据与社会数据在"桂建通"平台上汇集之后，经过加工分析，形成政企数据对接利用后的数据"半成品"，可以更好地服务于政府、企业及民众。

应用考勤管理数据提升企业管理效率。"桂建通"平台设置考勤管理子系统模块，管理自治区所有项目的考勤信息，对考勤数据按照需求进行多维度的统计分析，支持以项目、参建单位、日期等维度查询，包括考勤管理、项目统计、项目查询以及考勤预警等方面信息。一是项目考勤管理数据：动态显示全区所有建筑从业人员的实时考勤信息，如参与项目、参建单位、本人姓名、所在班组、所属工种、进出入日期、进出入照片等。二是关键人员考勤管理数据：对于所有项目，均能自动筛选出项目经理、监理人员、质量员、安全检查员等考勤信息。三是考勤报表数据：对项目上的考勤信息按日期进行统计，出具项目考勤日报表、月报表及年报表。四是考勤预警数据：对项目端的考勤信息提供预警功能，对长期缺勤的关键人员、项目管理人员通过短信通知当事人，同时知会相关监管单位。五是考勤图片管理数据：人脸考勤终端收集实时考勤照片，对照片进行压缩处理，优化照片存储，能够按照人员姓名、项目、参建单位等维度进行快速匹配。

统计报表数据提升政府及企业管理效率。"桂建通"平台设置了统计报表子系统，能够统计人员实名、人员实名考勤、工资分账以及安全教育培训等关键信息，并设置相关报表。该子系统覆盖区内所有项目数据，所有报表的权限严格控制，用户只能看到本账号下管理的项目的相关统计报表。一是人员采集进度报表：按项目、参建单位、日期三大维度统计的建筑从业人员的实名信息采集进度。二是人员进出场日报表：以项目现场的建筑从业人员每天的进场以及出场信息为基础，统计人员的进出场数量、人次、频率等。三是人员培训记录报表：按照年/月/日的跨度，以班组、工种为维度统计各个项目上的一般作业人员以及特种作业人员的安全教育培训次数、频率等。四是人员班组统计报表：按照班组统计全区所有参建单位的建筑从业人员数量。五是人员工种统计报表：按照工种统计全区所有参建单位的建筑从业人员数量。六是项目管理人员统计报表：以项目、参建单位为维度，全区所有项目管理人员为数据基础，统计项目管理人员的数量、持证上岗率、人员实名率以及到岗率等信息。

微信小程序快速查询个人信息。建筑工人可以通过微信端绑定，查看个人历史考勤信息、薪资发放记录以及修改部分个人资料，可以登录实名制圈子查看实名制相关法规、新闻。一是个人信息：包括工人的个人身份证信息、手机号码、工作履历、特种作业证书有关信息（特种作业人员）等。二是个人考勤：可以查看个人的历史考勤记录，包括所属项目名称、所属参建单位、进出入信息（日期、时间、照片、设备号等）。三是参加培训：查看个人项目端安全教育培训记录，包括所属项目、所属参建单位、培训日期、培训内容、培训教师等。四是个人薪资：查看个人薪资发放记录，包括累计应发工资、累计实发工资、累计未发工资以及薪资发放明细清单，支持按照项目、参建单位、日期等维度对明细进行查询。五是推送消息：已注册工人可以查看实名制与分账制相关的政策法规、通知公告、新闻等信息。

（四）载体维："桂建通"平台的技术支撑

"桂建通"平台由中国东信负责建设运维，依托中国东信内部的"东信云"平台，实现与其他企业数据平台对接联通，通过与政府部门数据共享平台对接，实现政务数据的联通共享。"桂建通"平台利用云计算、物联网及大数据等多种技术手段，实现政产学研多方合作，搭建了一个开放协同的合作生态圈，为科学监管、合理用工、安心上工及银行授信等提供了便利。

"桂建通"平台依托"互联网+"助推跨界融合，给建筑劳务用工提供一站式专业服务平台，打造出"建筑+金融+科技"健康可持续发展的全新供应链生态圈，助力建筑劳务产业转型升级，提高建筑业管理效率和产能。"桂建通"平台的功能，可以与第三方施工企业自建系统、省建筑质量安全监管平台、商业银行等企业平台无缝对接，高效共享数据资源。无论是企业的报表等结构化数据，还是照片等非格式化数据，都可以实现对接融合。

　　为确保数据安全，企业必须依托公安部认证的第二代身份证识别设备采集个人信息，完成实名认证登记。工人也可以登录"桂建通"手机软件，自行录入个人信息。为便于各主管部门及企业及时动态掌握每日数据通报情况、了解项目实名制工作的落实进度，"桂建通"平台推出了线上"数据通报"功能，用户可通过平台系统菜单栏中的"数据通报"，查看每日基础数据通报、考勤日常通报以及工资预警通报。同时，预留电话客服、QQ在线客服、客服热线等多种方式，方便政府部门及相关企业查询办事。

　　为减轻政府负担、企业及工人压力，中国东信承担"桂建通"平台建设运维费用，不向工人收费，也不增加施工企业负担[①]，有效降低了企业、工人成本，极大带动了企业及工人注册"桂建通"账号的积极性（见图4-5）。

---

① 《广西推广"桂建通"解决拖欠农民工工资顽疾》，https://www.sohu.com/a/292556904_114731，2023-12-19。

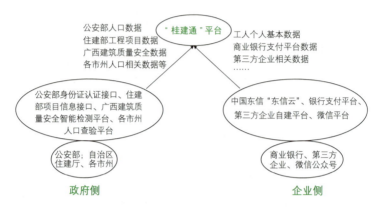

图 4-5　"桂建通"政社数据对接利用模式

（五）"三螺旋"运行机制有效度的验证

针对破解建筑工人被拖欠工资议题，从准备期、对接期、利用期、增值期四个环节，对政务数据、企业数据对接利用过程进行分析，梳理"桂建通"平台全流程运行状态，检验"主体－客体－载体"之间协同运行机制。

"主体"维，在准备期梳理清楚了此项工作涉及哪些政府部门及企业，将各主体与自建平台、自有数据进行关联，为选择合适运作模式提供有效参考。综合考虑企业使命、资金来源、平台功能等情况，"桂建通"平台采取企业自投自建模式。对于数据产生的价值，广大工人可以及时拿到应得工资，第三方企业可以获得银行授信贷款，同时，政府也能够更好地监管企业发放工资情况，维护社会公共价值。

"客体"维，在准备期梳理了该应用场景下所需的政社数据，并在对接期确定能够获得使用的数据，考虑到数据共享安全及难易程度，工人打卡信息可以原始数据方式共享，而对个人身份信息的核验，则只能通过系统接口的方式进行查询验证。这些数据价值的产生，主要有利于工人薪酬的精准发放，同时也有助于第三方企业信用评估贷款。

"载体"维，在准备期明确了各类数据所依托的平台及平台的属性，由于政府平台及企业平台都不具备独立承担工人实名制管理的功能，故通过政府指导，依托中国东信"东信云"，建设新的数据平台——"桂建通"平台。通过"桂建通"平台，不仅能够对接联通其他政府、企业平台，而且能够实现数据共享及加工处理，为数据价值增值化开发奠定了基础（见图4-6）。

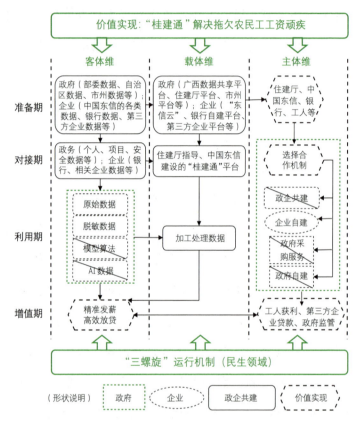

图 4-6 "桂建通"政社数据对接利用的运行机制

从三个维度的分析可以发现，涉及建筑工人获得薪酬的各方面数据的共享对接，需要国家层面、省市层面、行业层面数据所有者通过原始数据、脱敏数据或接口方式共享开放，数据的加工处理及对接利用，均依托"桂建通"平台进行。纵观整个运行流程，各主体相关数据的利用，不仅实现了工人工资按时足额发放，也提高了政府精准治理水平。在"主体－客体－载体"三者协同运行过程中，实现了数据的公共价值，验证了"三螺旋"运行机制在民生领域应用的有效性。

（六）数据公共价值实现

中国东信深入剖析实名制推进痛点，把握国家政策导向，遵循政府引导、市场化运营的原则，遵循免费、创新、真实、共赢的理念，以政府零投入、企业工人无负担为前提，探索出"一人一卡，全区通用"的"桂建通"模式，坚守数据加密直传底线，实现资源整合、多方共赢，保证实名制平台实现可持续运营。

有助于减轻工人负担。发放"桂建通"卡是确保工人工资及时发放的重要一环，也满足了工人方便、快捷、安全转移资金的需要。[①]工人获得了便利，能按时足额领到工

---

① 邱烜：《一张"桂建通"一片民生情》，载《当代广西》，2019（3）。

资，少了后顾之忧。将工人工资支付工作嵌入项目劳务用工的管理流程中，让工人工资支付与日常安全管理、施工管理和结算支付管理有机结合在一起，有效杜绝了"工头拿着工人的血汗钱跑路"或是"赌博、工人来讨薪"等问题。

有助于实现政府精准治理。通过"桂建通"监管端，政府可以掌握全区工程总量、工人人数及来源等数据，通过数据的分析研判，能够帮助政府掌握人才供需情况，制定相应的人才政策。同时，也能帮助监管部门识别拖欠工资的企业，并对其在政府采购、融资贷款等方面进行限制[①]，根治了欠薪顽疾及工人工资足额发放不规范等问题。

有助于企业经济效益提升。"桂建通"平台掌握全区建筑企业、建筑工人、银行等核心资源，具有巨大的市场前景和经济带动能力。据预测，通过综合电商、考勤设备销售 / 改造、分账银行接口服务费等项目，平台五年预计实现收入超过 8000 万元，五年累计回报率超过 100%。

---

① 赵悦：《广西"桂建通"模式对建筑业农民工的影响》，载《法制与社会》，2019（22）。

三、经济领域实践案例：福建"单一窗口"

（一）背景情况

"单一窗口"是办理国际贸易进出口业务的信息化系统，企业可以一次提交标准化单证和电子信息，并获取审核结果。[①]通过实现政府部门及相关企业数据共享，"单一窗口"促进跨部门信息互认，实现了"四个一"："一次申报"，贸易相关单据及申报信息只需提交一次；"一个平台"，贸易商只需在一个平台上提交与贸易相关的全部信息；"一套信息标准"，提交的信息应符合统一的国际标准；"一次性反馈"，该平台一次性完成对贸易商信息的处理和反馈。[②]"单一窗口"作为实现贸易便利化的重要方式，有助于促进国际贸易便利化和提升边境管理效率。

福建"单一窗口"建设，起步时即积极对标国际经验，运用云计算和大数据等最新技术，构建了一个电子数据处

---

① 夏志方：《我国国际贸易"单一窗口"发展的几点思考》，载《中国经贸导刊》，2020（1）。

② 张婧：《福建自贸区国际贸易"单一窗口"发展研究》，载《现代商贸工业》，2020（31）。

理平台。福建"单一窗口"通过联通政府及相关企业数据平台，实现通关查验数据及口岸运行数据实时归集，形成"通关、监管、决策"三位一体生态链。[①]

（二）主体维：政府主导、市场化运作

福建"单一窗口"是"政府主导、市场化运作"的大数据平台，由省人民政府主导，省口岸办和电子口岸管理中心分别负责规划设计及具体工作推进，海关、海事、边防、检验检疫等30余个政府部门参与共建。总体来看，福建"单一窗口"顺利实施，首先就是政府、企业等多主体之间建立了高效的协同关系，将政府在政策及经费方面的主导作用与企业开展市场化运营有机结合起来。

1. 政府成立强有力的领导小组

在政府强力支持下，福建"单一窗口"建设将部门间的协同配合放在首位，打通了跨部门"壁垒"，建立部门间的协同机制，使"单一窗口"平台顺利替代原先分散在各部门的监管系统，为跨部门的数据协调与共享奠定了基础。

---

① 伊馨：《福建自贸区贸易便利化的制度创新》，载《开放导报》，2017（2）。

福建商务厅成立了省电子口岸管理中心，具体负责"单一窗口"建设、运维和数据管理等工作，各口岸相关单位积极配合，在业务规划、数据共享、实施推广等方面提供支撑，合力推动"单一窗口"实现政社数据互联互通、服务企业相关业务办理。在经费支持方面，政府发挥了主导作用，福建将平台建设列入财政预算，予以优先保障。

2. 政企建立有效的协同机制

"单一窗口"制度体现了政府部门间及政府与贸易界之间的密切合作，建立政企友好合作关系成为"单一窗口"制度成功的关键因素。政府与企业间建立了顺畅的沟通机制，信息协调与共享及时到位，是福建"单一窗口"取得成功的重要原因[①]，是政府主导改革创新与企业深度参与的共同结果[②]。

---

① 孙维潇：《自贸区构建"单一窗口"路径模式研究——以福建自贸区为例》，载《福建商学院学报》，2017（6）。

② 李善民主编：《中国自由贸易试验区发展蓝皮书（2015—2016）》，122页，广州，中山大学出版社，2016。

3. 市场化机制的作用发挥

以福建省商务厅国际贸易"单一窗口"平台功能推广
服务项目为例，说明市场化机制如何在平台建设中发挥作
用。"单一窗口"平台功能推广由福建省电子口岸运营服务
有限公司具体负责，主要股东包括中国电子口岸数据中心
福州分中心、福建海事局后勤管理中心等四家单位，通过
成立新公司，保障了"单一窗口"平台运营的市场化机制。
同时，公司的控股股东为国有企业，确保了数据利用安全
及保障公共价值的服务导向（见表4-2）。

表4-2 电子口岸运营服务公司股份构成

电子口岸运营服务公司股份构成	持股企业	"持股企业"的控股股东及股比
42%	福建省数字福建云计算运营有限公司	福建省电子信息（集团）有限责任公司100%控股
28%	福州港务集团有限公司	福建省交通运输集团有限责任公司100%控股
15%	福州达远电子科技开发有限公司	隶属于中国电子口岸数据中心福州分中心
15%	福州泛达海洋工程有限责任公司	福建海事局后勤管理中心100%控股

（三）客体维：政务数据、社会数据对接利用

为实现政务数据及企业数据采集、使用、管理和平台维护的安全高效，福建省商务厅牵头编制了电子口岸公共平台数据管理办法，对业务办理中所涉及的各类数据进行了规范管理，确保"单一窗口"与国家部委在政务信息共享交换时的安全可控，推动"单一窗口"建设步入快车道。

在国家级政务数据对接方面，通过与海关总署和国家质检总局的 H2000 系统、CIQ2000 系统和 ECIQ 系统互联互通，"单一窗口"实现了关键数据共享交换。此类数据共享方式主要是查询核验，数据不需要"见面"。

在省内政务数据共享方面，"单一窗口"联通了省市场监管局信息共享平台，实现了各口岸单位申报数据共享。

在与省内企业数据对接方面，"单一窗口"汇聚交通运输部海事局的船舶登记基础数据，共享进出全国港口的 40 余万艘船舶数据，海关、检验检疫、海事、边检同步接收企业申报数据和并联审批，实现了船舶进出口岸申报"一单四报"。同时，实现与省市场监管信息共享平台对接，能

够共享全省 20 多万条外贸企业信息。此类数据共享的是脱敏数据，数据实现了脱敏后"见面"。

在与第三方企业数据共享方面，联合中国出口信用保险公司，以信用数据共享为先导，共同打造福建国际贸易"单一窗口"信用保险服务，促进企业数据的交换共享，实现与中国出口信用保险公司信息互认。此类数据共享的是脱敏数据，数据实现了脱敏后"见面"（见图 4-7）。

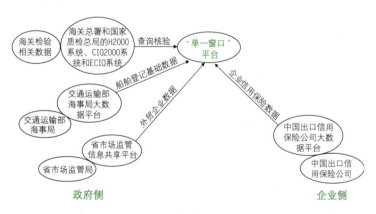

图 4-7　"单一窗口"政社数据对接利用模式

（四）载体维："单一窗口"平台的技术支撑

福建"单一窗口"平台自建立以来，因数据激增及业务需求，功能不断迭代升级，先后从 1.0 版、2.0 版、3.0 版升级到 4.0 版。"单一窗口"服务功能通过增加融资系统、出口退税、快件申报系统、减免税申报等功能模块，减少了企业通关时间。就服务对象而言，"单一窗口"承载国际贸易各环节办理，为企业、口岸管理部门及个人用户提供了便利。其中，"全球质量溯源体系"功能模块的设置，开创了政府、企业、消费者三方共建共治共享新模式，降低了企业成本、维护了消费者权益。①同时，"单一窗口"平台不断创新新技术应用，满足了日益增长的数据处理及数据与业务协同需求（见表 4-3）。

表 4-3　福建"单一窗口"各版本平台功能升级

版本	功能
1.0 版	七个功能：货物申报、运输工具申报、关检"三个一"等最基础的硬件配套，以及政务服务、金融服务、贸易许可业务、对台及"一带一路"专区等多方位服务内容

①　《优化营商环境　福建推出五大贸易便利化系统》，参见中国新闻网（福建）。

续表

版本	功能
2.0 版	扩展了跨境支付、监管智能化、通关自动化等全程电子化服务，并对照国际标准实现了数据标准化
3.0 版	实现了国际贸易主要环节、主要进出境商品和主要运输工具"三个全覆盖"
4.0 版	突出提供全链条一体化服务，应用大数据、人工智能和区块链等新一代技术，全面汇聚融合进出口业务流、货物流、信息流、资金流，实现关、港、贸、税、金一体化全链条运作，使贸易数据共享更加透明、互信，贸易更加简单、智能

（五）"三螺旋"运行机制有效度的验证

针对"单一窗口"助推实现贸易便利化，对政务数据、企业数据对接利用过程进行剖析，从准备期、对接期、利用期、增值期四个环节，梳理"单一窗口"服务的运行机制，检验"主体－客体－载体"之间协同运行机制。

"主体"维，在准备期必须明确此项工作涉及哪些政府部门及企业，将各主体与自建平台、自有数据进行关联，为选择合适运作模式提供有效参考。综合考虑企业使命、资金来源、平台功能等情况，"单一窗口"平台采取政府自建、政府采购服务的模式。对于数据产生的价值，企业通关更为便利，政府边境管理效率大为提升，我国的国际贸易便利化程度显著提升，维护了社会公共价值。

"客体"维，在准备期围绕企业贸易便利化，梳理了各主体所拥有的国家层面、行业层面、省市层面、企业层面所需要的各类数据，并在对接期确定能够获得使用的具体数据。为保障数据共享利用安全可控，"单一窗口"通过与海关总署和国家质检总局实现关检数据的查询核验，数据无须"见面"。与交通运输部海事局的船舶登记基础数据、全省外贸企业数据、第三方企业数据等对接方面，采取数据脱敏后共享。

"载体"维，在准备期明确了各类数据所依托的平台及平台的属性，由于现有政府平台及企业平台都不具备独立贸易便利化的功能，故通过政府主导、市场化建设新的数据平台——"单一窗口"平台。通过"单一窗口"平台，不仅能够对接联通国家部委数据平台、企业数据平台，而且能够实现数据共享及加工处理，为数据价值增值化开发奠定了基础。

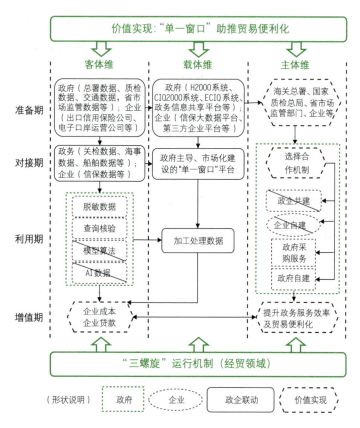

图 4-8　"单一窗口"平台混合型政社数据对接利用流程

通过三个维度的分析可以看出，涉及贸易便利化的数据对接利用，都需要数据所有者通过脱敏数据或接口方式授权提供，数据的加工处理及对接利用，均依托"单一窗口"

平台进行。纵观整个运行流程（见图4-8），各主体的数据，最终都是围绕如何提升企业开展贸易的效率、节省企业成本，在"主体－客体－载体"三者的协同运行过程中，实现了数据的公共价值，印证了"三螺旋"运行机制在经贸领域应用的有效性。

与前两个案例不同之处在于，"单一窗口"的对接方式，既有脱敏后的数据共享利用，也有数据不见面、仅通过查询核验方式完成数据共享，是一种混合型的对接利用模式。

（六）数据公共价值实现

福建"单一窗口"通过打通海关、检验检疫、税务、外汇管理等部门信息，促进贸易、运输、加工、仓储等数据跨系统共享协同，让外贸业务办理更加简便高效、省力省钱。

一是提升政务服务效率。作为有效的体制机制创新，"单一窗口"能够实现政务服务效率最高、办理成本最低。"单一窗口"形成的权责清晰、职责明确、运行顺畅的工作机制，能有效防止权力寻租和利益输送。

二是提高企业办事水平。"单一窗口"通过拓展融资登记系统功能，使贸易数据从分散到互联，提升通关时效。

据统计，截至 2019 年 5 月，"单一窗口"能够提供 100 余项口岸政务和贸易服务办理[①]，进出口货物申报时间约缩短为原来的 1/30，船舶出境申报时间约缩短为原来的 1/60。

三是显著降低贸易成本。据统计，每年可为企业降低近 3 亿元关检申报环节经营服务性收费[②]，减少 1.5 亿元报关报检申报环节经营服务性收费支出，通过帮助企业享受原产地优惠政策，可减少企业约 40 亿元的海外税收成本。

四、运行机制的均衡态分析

（一）分型分类的指标构建依据

针对数据治理领域指标量化存在的局限性，本研究以政务数据与社会数据对接利用为依托，统筹考虑理论依据、方法依据，面向政府建设、政府购买服务、政企共建、企业自建四种模式的选择，构建能够反映政府、企业

---

① 《福建国际贸易单一窗口：打造"数字高地"和"创新高地"，持续营造良好口岸环境》，载《福建日报》，2019-05-09。

② 《福建国际贸易单一窗口：打造"数字高地"和"创新高地"，持续营造良好口岸环境》，载《福建日报》，2019-05-09。

两方力量对比的指标体系，为选择最佳建设模式提供具体的可量化的决策参考。

1. 理论依据

数字经济时代，多主体密切协同的新型合作机制将成为发展趋势，共同价值理念成为不可或缺的因素。[①] 在数据治理领域，政府、企业、社会组织等多元主体协同参与，以增进公共利益为目标[②]，利用大数据解决公共安全、公共危机管理、公共卫生、工作就业等领域许多公共治理难题[③]。可以说，协同创新理论及公共价值理论作为指导政社数据对接利用的有效理论[④]，在构建建设模式的量化指标时，也将遵循两个理论的指导，将协同创新理念及公共价值理念融入指标设计之中，通过引入能够衡量政社数据

---

① 吴曼青：《网络极大化 节点极小化》，载《企业研究》，2017（9）。

② 《"数字治理的科学内涵与实践价值"学术研讨会在京召开》，https://news.china.com/specialnews/11150740/20211025/40202032.html，2023-12-19。

③ 赵强、单炜：《大数据政府创新：基于数据流的公共价值创造》，载《中国科技论坛》，2014（12）。

④ 郭明军、于施洋、安小米等：《政务数据与社会数据对接利用："三螺旋"运行机制的内涵、模型及验证》，载《中国软科学》，2021（9）。

对接利用中各主体协同的指标，体现协同创新的理念，通过设计政策导向及企业价值实现的指标，体现公共价值的理念。

2. 方法依据

基于协同创新理论和公共价值理论构建"三体两向"分析模型，是研究政务数据与社会数据等多源数据治理的有效分析方法。本研究将"主体－客体－载体"的"三体"划分方法，作为指标设计的重要依据，从政企间协同、政社数据间协同、各类数据治理平台间协同考虑指标选取。同时，考虑建设模式选择的依据，更多是对现状的分析研判，所以，"两向"中问题导向和目标导向作为未来建设要解决的问题，暂不纳入指标体系。

3. 建设实施依据

无论采取何种建设模式，都是在政府与企业间进行选择，核心取决于政企双方的意愿及实力对比。在指标设计过程中，将突出政府与企业的对比关系，确保在同一层面、可对比范畴进行指标设计，最大限度衡量政企之间的对比关系，从而为最终选择适合的建设模式提供有力支撑。

（二）分型分类的指标体系构建

开展政社数据对接利用实践，最大的难题是确定在政府建设、政府购买服务、政企共建以及企业自建的四种建设模式中选择哪一种，政府、企业、社会之间如何协同分工。为克服单纯主观决策因素的弊端，减少建设盲目性，有必要从定量的角度，对建设模式选择进行量化评估，按照政社数据对接利用所涉及的各个主体、各个环节，制定一套科学的衡量指标体系。

1. 指标设计思路

政社数据对接利用工作涉及多类主体之间的合作，政府、企业在其中扮演何种角色，每种建设模式在什么条件、什么场景下使用，是决定项目能否顺利实现预期目标的关键，需要进行科学评估。

由于各种建设模式主要涉及政府（或下属事业单位）以及企业（包括国企和民企）两类，所以在选择指标时，应突出政府、企业间的对比，立足政企力量对比来确定最优建设模式。为此，我们从政府、企业两个方面，一体化设计衡量指标，将指标的个数及权重进行对等设计。

考虑到建设模式主要是围绕主体、客体、载体三个维度展开的，同时政府及企业制定的各项对接措施是促进三个维度协同的有效保障，故而从"主体维－客体维－载体维－保障能力"四个方面，设计建设模式遴选的指标体系。

2. 指标遴选原则

政社数据对接利用建设模式指标体系的遴选，将遵循全面性、客观性、易得性、可比性四项原则。全面性是指指标要能够反映整个对接利用过程的全流程，涵盖各个主要方面，确保重要指标项不缺失。客观性是指指标选择尽可能通过客观方式获取，能够量化客观现状，避免通过主观因素来判定。易得性是指指标所选取的数据要容易获得，不增加指标采集的难度，如果一些非常理想的衡量指标难以获取，可以改用易获取的指标进行替代。可比性是指指标要能够反映政府与企业之间的对比关系，反映不同案例之间的对比关系，通过明确重要程度的差异，做出最佳决策。

3. 指标体系及内涵

遵循"主体维－客体维－载体维－保障能力"四个维

度的指标设计思路，结合所遴选的三个代表性案例的关键性影响因素的分析，提炼出每个维度的具体指标内容。

一是主体维。主体是指开展政社数据对接利用的"政产学研用"等各方组织，主体维指标设计，要明确参与该项工作的主体有哪些，各自发挥的作用有多大。在政府侧，主体主要体现为政府有专门机构负责此事、政府有下属事业单位全程负责此事；此外，政府由此能够获得多少收益，也是政府直接参与的主要动力。在企业侧，主要考虑企业开展此项工作和自身发展战略是否契合，契合度越高，动力越大；同时，如果企业已经是政府开展此项工作的合作单位，并且有国资股份，那么就更便于开展政企协同，更有利于获得政府及社会的认可。

二是客体维。客体主要是指各类主体所拥有的政社数据资源情况，指标设计主要是明确数据的来源、类型及数量，对数据开发利用的保密要求及政企是否有同类相关经验。政府侧，要考虑政务数据是否来自公安、税务、海关等垂直管理领域，如果是，则由于数据难以直接对外使用，经常需要政府主导建设。安全保密是数据对接利用的重要影响因素，如果大量数据属于难以共享开放的范畴，则需要政府发挥主导作用。同时，政府所能提供的政务数据量的多少以及此前开展此类工作的经验，都是开展政社数据对接利用的考虑因素。企业侧，主要考虑企业所获得政务及社会数据的可开放性、政务数据易得性及数量多少，这些指标都有助于衡量企业在建设中发挥多大的作用。同时，是否具有开展政社数据对接利用的丰富实践经验，也是考量因素之一。

三是载体维。载体主要是指开展政社数据对接利用所依托的数据治理平台，既要考虑现有平台的功能，也要考虑新建平台及平台的后期运维情况。政府侧，要从政府是否已有大数据平台及功能情况进行考虑，如果没有而需要新建，需要评估政府投资建设与委托企业承建的利弊。企业侧，主要评估现有平台能否承担政社数据分析处理的能力，企业愿为平台改进升级及持续性运维提供多大支持。

四是保障能力。保障措施能够促进主体－客体－载体之间的协同，是决定建设模式能否有效运转的关键因素。保障能力主要是指政府或企业能够在人、财、物等方面提供的支撑保障。政府侧，包括出台政策法规、培养人才队伍、加强财政支持等。企业侧，包括评估该项业务与公司核心业务的关系，关系越大则越有利于企业自建。另外，要考虑企业在数据业务方面与政府的合作关系。资金保障是四种建设模式中企业都需要投入的。

为便于分析计算，需要对每个指标进行编码。政府侧设计为 G，企业侧为 V；主体为 s，客体为 o，载体为 c，保障为 g。由此，G_s 表示政府侧的各类主体，G_o 表示政府侧的各类数据，G_c 表示政府侧的各类平台，G_g 表示政府侧的保障措施，政府侧总分 $G_T = G_s + G_o + G_c + G_g$。$V_s$ 表示企业侧的各类主体，V_o 表示企业侧的各类数据，V_c 表示企业侧的各类数据平台，V_g 表示企业侧的保障措施，企业侧总分 $V_T = V_s + V_o + V_c + V_g$。

4. 指标权重设计

由于四种建设模式主要涉及政府（包括下属事业单位）和企业（包括国企和民企）两类主体，所以在指标设计时，将突出政府与企业的对比，确保在同一层面、可对比范畴进行指标设计，为选定适合的建设模式提供有效支撑。为此，需要从政府、企业两个层面进行一体化设计指标体系，将政企两个层面的指标个数及权重进行对等设计。为便于统计分析，将政府侧与企业侧总分均定为 10 分。

根据"主体维－客体维－载体维－保障能力"四个维度的重要性，应用专家打分法进行指标权重设计。由高校院所、科研机构组成专家组对指标进行打分，通过填写指标重要程度对比表，明确每一个维度内各指标两两之间的重要程度比值，通过该比值确定每个指标的权重值。为便于计算，取每个指标权重的近似整数值。主体维、客体维、载体维、保障能力的指标权重设计如下。

主体维，在政府侧，通过对比是否有专门机构、是否有下属单位及政府收益程度的重要性，同时考虑权重尽可能取得近似的整数值，确定其权重分别为 1、0.5、0.5；在企业侧，通过对比是否符合企业战略、是否已是政府的合作单位、国资占公司股比，同时考虑权重尽可能取得近似的整数值，确定其权重分别为 1、0.5、0.5。

客体维，在政府侧，通过对比政务数据是否在垂直领域、数据安全保密要求、政务数据数量多少及是否具有同类建设经验的重要程度，分别赋权重 1、1、0.5、0.5；在企业侧，通过对比企业拥有数据的可开放性、政务数据易得性、各类数据拥有量、是否具有相关项目经验的重要程度，分别赋值 0.5、0.5、1、1。

载体维，在政府侧，通过对比政府是否有掌控的平台、平台的功能强弱、新建平台投入成本、平台可持续改进的重要程度，分别赋值 0.5、0.5、0.5、1；在企业侧，通过对比企业平台是否提供服务、现有平台功能、新建平台成本、是否自己负责运维的重要程度，分别赋值 0.5、1、0.5、0.5。

保障能力维，在政府侧，通过对比政策、人才、经费的重要程度，设计其权重分别为 0.5、1、1；在企业侧，通过对比在核心业务中的地位、与政府关联关系、资金保障的重要程度，设计其权重分别为 1、0.5、1。

通过上述权重赋值可知，无论是政府侧还是企业侧，主体维、客体维、载体维、保障能力的权重值分别为 2 分、3 分、2.5 分、2.5 分，政府侧和企业侧的总分满足 10 分的要求（见表 4-4）。

表 4-4　建设模式选择的评分指标

维度（权重）	政府侧		企业侧	
	指标	权重	指标	权重
主体维（2）	专门机构	1	符合企业战略	1
	下属单位	0.5	已是合作单位	0.5
	收益程度	0.5	国资成分	0.5
客体维（3）	垂直领域	1	数据可开放性	0.5
	保密要求	1	政务数据易得性	0.5
	政务数据量多	0.5	政社各类数据量多	1
	同类经验	0.5	同类经验	1
载体维（2.5）	可控平台	0.5	已为政府提供服务	0.5
	已有平台功能	0.5	现有平台功能强大	1
	新建平台成本	0.5	新建平台成本	0.5
	可持续性	1	自行运维	0.5
保障能力（2.5）	政策	0.5	在核心业务中的地位	1
	人才	1	与政府关联关系	0.5
	经费	1	资金保障	1

（三）指标合理性的实践检验

通过理论推导构建的指标体系，是否能够为选择最佳建设模式提供指导，需要在实践案例中进行检验。为增强指标体系验证的效度，本书围绕政务、民生、经济三大领域，分别选择国家发展改革委互联网大数据分析实践、广西"桂建通"实践、福建"单一窗口"实践三个典型案例进行验证。指标体系的验证过程分为三步：一是明确数据源。针对政府侧和企业侧的 14 个指标，将典型实践案例作为各个指标取数的来源，数据源主要包括相关政府部门及企业网站、媒体报道、学术论文、微信公众号等资料。二是确定得分。根据每个指标的实际满足程度，从 [0，1] 的区间对指标进行打分，然后与该指标的权重相乘，得出该指标的加权分值，即加权分值=指标权重 × 该项指标评估得分。三是评估最佳建设模式。通过政府侧的总分与企业侧的总分对比，得出政企实力的对比，为选择建设模式提供参考。

1. 在国家发展改革委互联网大数据分析平台建设中的检验

国家发展改革委互联网大数据分析平台是在政府指导下，以事业单位和企业联合共建方式打造的大数据分析系统，主要作用是为政府决策提供数据支撑。依据国家发展改革委互联网大数据分析具体应用实践，结合建设模式评分表对各个指标的满足程度进行打分，评分区间为 [0，1]。指标权重与每项得分的乘积作为该指标最终加权得分，详见表4-5。

表 4-5 "国家发展改革委互联网大数据分析平台"建设模式评分

维度	政府侧			企业侧		
	指标（权重）	得分	加权分值	指标（权重）	得分	加权分值
主体维	专门机构（1）	0.5	0.5	符合企业战略（1）	0.7	0.7
	下属单位（0.5）	1	0.5	已是合作单位（0.5）	0.6	0.3
	收益程度（0.5）	1	0.5	国资成分（0.5）	0	0
客体维	垂直领域（1）	0.25	0.25	数据可开放性（0.5）	0.9	0.45
	保密要求（1）	1	1	政务数据易得性（0.5）	0.7	0.35
	政务数据量多（0.5）	0.2	0.1	政社各类数量多（1）	0.7	0.7
	同类经验（0.5）	1	0.5	同类经验（1）	0.5	0.5
载体维	可控平台（0.5）	0	0	已为政府提供服务（0.5）	1	0.5

续表

维度	政府侧			企业侧		
	指标（权重）	得分	加权分值	指标（权重）	得分	加权分值
载体维	已有平台功能（0.5）	0	0	现有平台功能强大（1）	0.6	0.6
	新建平台成本（0.5）	0.2	0.1	新建平台成本（0.5）	0.8	0.4
	可持续性（1）	0.5	0.5	自行运维（0.5）	1	0.5
保障能力	政策（0.5）	1	0.5	在核心业务中的地位（1）	0.5	0.5
	人才（1）	0.8	0.8	与政府关联关系（0.5）	1	0.5
	经费（1）	1	0.25	资金保障（1）	0.2	0.2
总分	$G_T = 5.5$			$V_T = 6.2$		

从分值来看，政府侧总分 G_T 为 5.5 分，企业侧总分 V_T 为 6.2 分，两者分值之差在 1 分之内。这个分值说明，政府和企业在平台共建方面，力量基本上是均衡的，这种情况适合用政企共建（事业共建）模式，同时政府可以根据使

用效益采购企业提供的服务。

2. 在广西"桂建通"平台建设中的检验

广西"桂建通"（广西建筑工人管理服务信息平台）是由广西壮族自治区住房和城乡建设厅组织开发、中国东信具体承建运维的建筑劳务实名制平台，为广西建筑企业提供统一线上项目管理服务。根据"桂建通"实际运行情况，结合建设模式评分表，对各个指标的满足程度，从 [0,1] 的区间进行打分，并将指标权重与该项得分的乘积作为该指标加权分值，详见表 4-6。

表 4-6　"桂建通"建设模式评分

维度	政府侧			企业侧		
	指标（权重）	得分	加权分值	指标（权重）	得分	加权分值
主体维	专门机构（1）	1	1	符合企业战略（1）	0.5	0.5
	下属单位（0.5）	1	0.5	已是合作单位（0.5）	1	0.5
	收益程度（0.5）	1	0.5	国资成分（0.5）	1	0.5

续表

维度	政府侧			企业侧		
	指标（权重）	得分	加权分值	指标（权重）	得分	加权分值
客体维	垂直领域（1）	0	0	数据可开放性（0.5）	0.5	0.25
	保密要求（1）	0.25	0.25	政务数据易得性（0.5）	1	0.5
	政务数据量多（0.5）	0.5	0.25	政社各类数量多（1）	0.5	0.5
	同类经验（0.5）	0.5	0.25	同类经验（1）	0.5	0.5
载体维	可控平台（0.5）	0	0	已为政府提供服务（0.5）	1	0.5
	已有平台功能（0.5）	0	0	现有平台功能强大（1）	0.75	0.75
	新建平台成本（0.5）	0.5	0.25	新建平台成本（0.5）	1	0.5
	可持续性（1）	0	0	自行运维（0.5）	1	0.5
保障能力	政策（0.5）	1	0.5	在核心业务中的地位（1）	0.75	0.75
	人才（1）	0.25	0.25	与政府关联关系（0.5）	1	0.5
	经费（1）	0	0	资金保障（1）	0.5	0.5

续表

维度	政府侧			企业侧		
	指标（权重）	得分	加权分值	指标（权重）	得分	加权分值
总分	$G_T = 3.75$			$V_T = 7.25$		

从分值来看，政府侧总分 G_T 为 3.75 分，企业侧总分 V_T 为 7.25 分，两者分值之差超过 3 分。这个分值说明，企业在平台建设方面拥有极大优势，企业自建模式是较为合适的选择。

3. 在福建"单一窗口"平台建设中的检验

福建"单一窗口"是"政府主导、市场化运营"的大数据平台，由福建省人民政府主导，福建省口岸办和电子口岸管理中心分别负责规划设计及具体工作推进，有效提升了国际贸易便利化和边境管理效率。根据"单一窗口"实践运行情况，结合建设模式评分表，对各个指标的满足程度，从 [0,1] 的区间进行打分，并将指标权重与该项得分的乘积作为该指标加权分值，详见表 4-7。

表 4-7 福建"单一窗口"建设模式评分

维度	政府侧			企业侧		
	指标（权重）	得分	加权分值	指标（权重）	得分	加权分值
主体维	专门机构（1）	1	1	符合企业战略（1）	0.85	0.85
	下属单位（0.5）	1	0.5	已是合作单位（0.5）	0.9	0.45
	收益程度（0.5）	1	0.5	国资成分（0.5）	0.5	0.25
客体维	垂直领域（1）	1	1	数据可开放性（0.5）	0.2	0.1
	保密要求（1）	0.5	0.5	政务数据易得性（0.5）	0.2	0.1
	政务数据量多（0.5）	0.7	0.35	政社各类数据数量多（1）	0.2	0.2
	同类经验（0.5）	0.9	0.45	同类经验（1）	0.5	0.5
载体维	可控平台（0.5）	1	0.5	已为政府提供服务（0.5）	0.7	0.35
	已有平台功能（0.5）	0.4	0.2	现有平台功能强大（1）	0.5	0.5
	新建平台成本（0.5）	0.5	0.25	新建平台成本（0.5）	0.8	0.4
	可持续性（1）	0.75	0.75	自行运维（0.5）	0.2	0.1

续表

维度	政府侧			企业侧		
	指标（权重）	得分	加权分值	指标（权重）	得分	加权分值
保障能力	政策（0.5）	1	0.5	在核心业务中的地位（1）	0.6	0.6
	人才（1）	0.8	0.8	与政府关联关系（0.5）	0.6	0.3
	经费（1）	0.8	0.8	资金保障（1）	0.1	0.1
总分	$G_T = 8.1$			$V_T = 4.8$		

从分值来看，政府侧总分 G_T 为 8.1 分，企业侧总分 V_T 为 4.8 分，两者分值相差超过 3 分。这个分值说明，政府在平台建设方面拥有极大优势，政府主导建设模式是较为合适的选择。

通过上述三个典型案例可以看出，指标体系的构建及权重设计，基本能够客观反映建设模式选择的依据。另外，三个案例涉及了政社数据对接利用的三大主要应用领域，覆盖了四类主要建设模式，涉及的政务数据涵盖了国家、省、市数据，涉及的社会数据涉及企业数据、互联网数据、物联网数据等，对接方式也包含了原始数据、脱敏数据、模型算法等，所以验证结果具有较为普遍的意义，表明指标体系对建设模式的选择具有有效的指导作用。一般来说，如果政府侧总分比企业侧总分高3分以上，尤其是2倍以上，适合用政府主导建设模式；如果企业侧总分比政府侧高3分以上，尤其是2倍以上，则适合用企业自建模式；而当两者分值之差在1分以内，尤其是分值相等时，适合选择政企联合共建模式。

（四）建设模式的均衡状态分析

通过三个典型案例的印证，初步检验了建设模式量化指标体系的合理性，验证了指标体系在选择建设模式方面的指导作用。为更好地评估指标体系各个维度的强弱及跨维之间的对比，掌握政社数据对接利用运行的规律及特点，发现建设模式各个维度的薄弱项并为改进提升建设效果提供参考借鉴，根据指标体系的分值以及政府侧与企业侧的实力对比，我们假定建设模式存在均衡态，并将建设模式分为均衡型和非均衡型，为推动非均衡型向均衡型转化提供参考依据。

1. 均衡型的建设模式

均衡型是指主体维、客体维、载体维三者的分值都比较高，一般 G_T 及 V_T 分值超过 8 分，是整体实力比较强的模式。根据政企实力对比情况，均衡型可分为完全均衡型和部分均衡型两种（见图 4-9）。

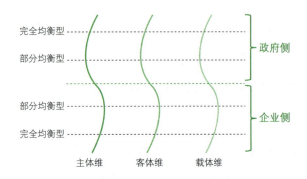

图 4-9　政社数据对接利用的均衡型建设模式

一是完全均衡型。三维都强，达到总分值的 80% 以上，即 G_T 与 V_T 分值都在 $(2+3+2.5)×0.8=6$ 分以上，而且政企力量对比相当，即 $|G_s-V_s|<1$，$|G_o-V_o|<1$，$|G_c-V_c|<1$。完全均衡型是一种理想的状态，实践中比较少见。按照关于建设模式设定的评判标准，完全均衡的状态最适合政企

共建型的建设模式。

二是部分均衡型。三维均强，但政企力量对比差距较大。部分均衡型是指 G_T 与 V_T 分值虽然都在（2+3+2.5）×0.8＝6分以上，但是政企实力悬殊，要么是政强企弱，要么是企强政弱，一般两者分值之差较大，即 $|G_s-V_s|>1$、$|G_o-V_o|>1$、$|G_c-V_c|>1$。部分均衡型较为多见，在政务数据应用较多的领域，尤其是在数据涉密领域，经常出现 $G_T-V_T>2$，适合用政府自建或政府采购服务的方式。在社会数据应用较多的领域，尤其是互联网数据或大型互联网企业数据占优势的领域，经常出现 $V_T-G_T>2$，适合用企业自建的方式。

2. 非均衡型的建设模式

在政社数据对接利用的实践中，最常见的类型是三个维度的分值均未达到总分的 0.8 倍，而且政府侧与企业侧力量对比差距较大，这种类型称为非均衡型建设模式（见图4-10）。其理想的改进方向，是朝向部分均衡型甚至完全均衡型转变。非均衡型按照主体、客体、载体的实力不同，又可分为五类。

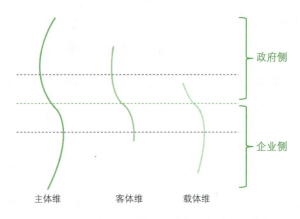

政府侧

企业侧

主体维　　　客体维　　　载体维

图 4-10　政社数据对接利用的非均衡型建设模式

主体类的非均衡型：主体维度，政府侧与企业侧的总得分超过权重的 0.8 倍，即 $|G_s+V_s|>0.8 \times (2+2) = 3.2$；而客体维度和载体维度，政府侧与企业侧的总得分小于权重的 0.8 倍，即 $|G_o+V_o|<0.8 \times (3+3) = 4.8$，$|G_c+V_c|<0.8 \times (2.5+2.5) = 4$。

数据类的非均衡型：客体维度，政府侧与企业侧的总得分超过权重的 0.8 倍，即 $|G_o+V_o|>0.8 \times (3+3) = 4.8$；而主体维度和载体维度，政府侧与企业侧的总得分小于权重的 0.8 倍，即 $|G_s+V_s|<0.8 \times (2+2) = 3.2$，

$|G_c+V_c|<0.8\times(2.5+2.5)=4$。

平台类的非均衡型：载体维度，政府侧与企业侧的总得分超过权重的 0.8 倍，即 $|G_c+V_c|>0.8\times(2.5+2.5)=4$；而主体维度和客体维度，政府侧与企业侧的总得分小于权重的 0.8 倍，即 $|G_s+V_s|<0.8\times(2+2)=3.2$，$|G_o+V_o|<0.8\times(3+3)=4.8$。

混合类的非均衡型：两种或两种以上的非均衡型同时出现，称为混合类非均衡型。

基础类的非均衡型：三个维度中，每一个维度的长度均小于 0.8 倍，称为基础类非均衡型。

3. 分类分型研究

根据建设模式选择的指标体系，本研究将主体维、客体维、载体维的三类指标提取出来，用于评估国家发展改革委互联网大数据分析案例、广西"桂建通"案例及福建"单一窗口"案例，分析比对各案例分类分型及异同（见表 4-8）。

为了便于研究及直观形象展现，将图中各维度长度与分值进行对应，分值越大，曲线越长。在计算过程中，将每个维度政府侧及企业侧的满分值作为基础长度，实际长度为得分与权重的比值再乘以基础长度。

表4-8　三个典型案例建设模式对比

案例	领域	建设模式	总量指标	建设模式	维度指标
国家发展改革委互联网大数据分析案例	政务	政企共建	$V_T-G_T<1$	基础类非均衡	$\|G_s+V_s\|$、$\|G_o+V_o\|$、$\|G_c+V_c\|$ 均 < 总分值的 0.8 倍
"桂建通"案例	民生	企业自建	$V_T-G_T>3$	基础类非均衡	$\|G_s+V_s\|$、$\|G_o+V_o\|$、$\|G_c+V_c\|$ 均 < 总分值的 0.8 倍
"单一窗口"案例	经济	政府建设	$G_T-V_T>3$	主体类非均衡	$\|G_s+V_s\|>$ 总分值的 0.8 倍；$\|G_c+V_c\|$、$\|G_o+V_o\|$ 均 < 总分值的 0.8 倍

（1）国家发展改革委互联网大数据分析案例分类分型

根据上文计算的分值及权重，可以绘出国家发展改革委互联网大数据分析案例的建设模式特征图（见图4-11），很明显，主体、客体、载体三个维度长度都没有超过总长的 0.8 倍，属于非均衡型，而且每一维的长度没有显著超过其他维度，故而总体来看，属于基础类非均衡型建设模式。

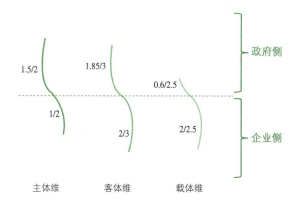

图 4-11　国家发展改革委互联网大数据分析案例：
基础类非均衡型建设模式

（2）广西"桂建通"案例分类分型

根据上文计算的分值及权重，"桂建通"案例的建设模式特征图见图 4-12，很明显，主体、客体、载体三个维度长度没有同时超过总长的 0.8 倍，属于非均衡型。同时，每一维的长度没有显著超过其他维度，故而也属于基础类非均衡型建设模式。

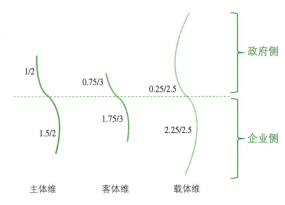

政府侧

1/2

0.75/3

0.25/2.5

1.5/2

1.75/3

2.25/2.5

企业侧

主体维   客体维   载体维

图4-12　"桂建通"平台案例：基础类非均衡型建设模式

（3）福建"单一窗口"案例分类分型

根据上文计算的分值及权重画出福建"单一窗口"的建设模式特征图（见图4-13），经测算，主体、客体、载体三个维度只有主体维超过总长的0.8倍，属于非均衡型，由于主体维长度显著超过其他维度，故而总体来看，属于主体类非均衡型建设模式。

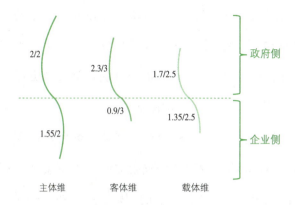

图 4-13 福建"单一窗口"案例：主体类非均衡型建设模式

（4）均衡型与非均衡型之间的转换

建设模式均衡是动态的均衡，随着业务形态的变化或其他外部情况的影响，均衡状态会被打破，成为非均衡状态。从正向和反向来讲，有两种转换方式：如果均衡状态中的三个维度同时变得更强，那就进入更高层级的均衡状态，是均衡状态的改进；反之，则称为均衡状态的退化。

对于非均衡状态的建设模式，也可以经过改进，达到均衡型。具体而言，就是主体、客体、载体三维的分值均超过总分值的 0.8 倍，称为建设模式状态的跃迁。

指标体系的保障能力维是决定建设模式发生改进、退化或跃迁的重要因素。如果保障措施大幅改进，则有可能发生改进或跃迁；如果保障措施减弱，就会导致进入退化状态，由均衡型转化为非均衡型。

针对政府、企业、社会在开展政社数据对接利用实践中难以选择最佳建设模式的痛点难点，本章遵从"理论依据－指标构建－实践验证"的逻辑脉络，初步构建了遴选建设模式的指标体系，并通过三个典型案例进行验证。总体看，指标体系具有指导建设模式选择和改进建设效果的双重作用。一方面，为选择政府建设、政府购买服务、政企共建或企业自建模式，提供了客观的量化选择标准，能够克服由各利益方商量决定或由领导拍板决定等主观因素干扰。另一方面，通过对建设模式的均衡型和非均衡型研究，有助于多视角了解政社数据对接利用的全过程，通过与最佳均衡状态的对比，能够发现政社数据对接利用实践中存在的问题和短板，为明确改进思路、制定具体举措、提升建设效果提供指导。

第三节　关于运行机制的讨论

关于政社数据对接利用的运行机制，本研究将协同创新理论与公共价值理论进行融合应用，对政社数据对接利用的各类主体、多种数据、不同平台及各个环节进行深入分析，演绎推理出政社数据对接利用的运行机制及具体流程，不仅在模型设计层面实现了两个理论的有机融合，而且促进了理论与实践的有机结合。关于"三螺旋"运行机制的有效性，通过三个典型案例进行了验证。

"主体－客体－载体"三个维度的选择，为研究政社数据对接利用提供了有效研究视角，包含了对接利用的主要方面，尤其是将载体（数据平台）作为其中一个研究维度，能够为开展政社数据对接利用提供坚实的技术支持，促进主体、客体依托数据平台实现对接利用。明确运行机制的基本流程，有助于全方位展示政社数据对接利用过程，结合三个典型案例的实践应用，清晰地展现了政社数据对接利用的各个环节的主要工作内容。

对运行机制不同类型的研究，有助于多视角了解政社数据对接利用的全过程、掌握不同类型的特征。通过与最佳均衡状态进行对比，能够发现每个数据对接利用实践中存在的短板和不足，从而为制定改进提升方案、明确具体工作内容指明方向。

面向未来，将"三螺旋"运行机制应用到指导实践的工作之中，应重点做好以下四方面内容。一是明确参与主体。系统分析政社数据对接利用所应参与的政府部门、企业单位、社会机构等，明确各参与单位的角色定位，重点处理好政府与市场的关系，围绕政社数据对接利用要实现的目标，识别并努力满足各主体的利益诉求。二是梳理数据资源。聚焦核心业务实现，厘清参与单位数据资源的目录、字段、种类、数量、更新周期、依托平台等，结合数据资源所涉及领域及业务保密级别，明确数据的对接利用方式。三是选择建设模式。综合考虑政府与企业的主导地位，结合数据汇聚、数据治理、数据应用、平台建设、运维管理及数据安全等因素，选择适宜的建设模式。四是制定具体举措。为高效推动政社数据对接利用，应制定相应的政策保障措施，明确工作机制、推进步骤、重点项目、责任单位等，提升政社数据对接利用工作的可操作性及可持续性。

小结　厘清政社数据对接利用的运行机制

本章基于协同创新理论及公共价值理论的有机结合，研究"主体－客体－载体"之间如何维内协同及跨维协同，分析数据价值在对接利用的哪个环节产生以及如何产生，研究对接利用的具体流程及建设模式等内容，提出具有实践可操作性的"三螺旋"运行机制，从"主体－客体－载体"三维协同以及维内协同、数据价值在跨维协同中产生，构建政社数据对接利用的运行机制，明确对接利用的具体流程、建设模式及各主体的职责任务等，能够为实践层面如何选择建设模式、如何分析对接利用类型、如何判断数据价值实现提供可行的研究工具，回答了谁来运行、运行什么、运行流程、运行目标等问题。

第五章

论"器"：明确实现路径

数据治理之"器"。

——指明实现路径，回答"怎么干"——

"器以成事"。"器"即操作工具。坚持以器载道，通过构建具体的实现路径工作模型，优化工作流程，提高工作效率，解决做什么、如何做等问题。

第一节　新实现路径模型的构建

"三体两向"分析模型解决了政社数据对接利用"如何分析"的问题，"三螺旋"运行机制解决了政社数据对接利用"是什么"的问题，本章将通过建立数据对接利用的实现路径模型，回答"谁来做、做什么、如何做"的议题。

一、实现路径模型的构建依据

实现路径是开展政社数据治理的具体实施举措，是数据治理理念、治理机制、治理模式的落地应用。关于数据治理实现路径研究，目前既有理论与方法层面的探索，也有实践探索方面的总结，为指导大数据治理实践积累了经验。但总体来看，还存在两方面不足：一是研究客体主要面向的是政务数据，对社会数据缺乏必要的关注，缺少面向政务数据与社会数据对接利用的治理路径研究；二是所有基于案例的研究，均为对已发生实践的事后经验进行总结，解释性强但指导性未得到充分验证，缺乏对未来实践的应用指导。为弥补现有研究存在的两个不足，本章将探寻合适的实现路径，为指导政社数据对接利用实践提供有效的实操工具。

（一）模型构建的理论依据

文献研究显示，目前关于政社数据对接利用实现路径的研究，还处于空白状态，尚未受到学界的关注。本研究以协同创新理论、公共价值理论为指导，分析政务数据与社会数据对接利用的具体实现路径。一是引入协同创新理论，将多主体协同理念运用到政社数据对接利用中，充分发挥政府在组织管理、政策制定、机制设计等方面的作用，发挥企业在市场化机制应用、工程项目实施方面的作用，发挥社会各方协同配合积极性，建立集组织管理保障、建设运营保障及数据安全保障于一体的保障体系，确保数据治理各项工作顺利开展。二是将公共价值理论作为指导，赋予各主体开展各项工作的意义，通过创造政社数据对接利用的公共价值，为政府治理创新、企业效益提升提供有效方法。

（二）模型构建的方法依据

关于政社数据对接利用的实现路径，本研究基于协同创新理论和公共价值理论，应用"三体两向"分析模型的理念，将"三螺旋"运行机制应用到实现路径，确保实现路径模型能够按照指导理论、运行机制进行实操。即开展政务数据与社会数据对接利用，需要政产学研用等主体协同、政务数据及社会数据等客体协同、政府数据平台及企业数据平台等载体协同，从而以政社数据对接利用助力实现预定的经济社会发展目标。主体协同主要指参与政社数据对接利用的政产学研用等各主体协同配合、各司其职；客体协同指政社数据在生命周期各个环节环环相扣、按步推进；载体协同是通过政府内部及政企之间数据平台联通实现数据的加工处理、价值实现。政社数据对接利用实践要解决政府决策、民生服务、产业发展等堵点问题，推动实现政府决策精准化、民生服务个性化、产业发展规模化。

借鉴马广惠、安小米关于大数据治理的路径分析[①]，基于"三体两向"及"三螺旋"模型，本章将探讨形成政社数据对接利用的实现路径。纵向上，实现路径覆盖"三螺旋"运行机制的三大主要流程；横向上，实现路径包含各主体协同创新的三大方面。（见图 5-1）。

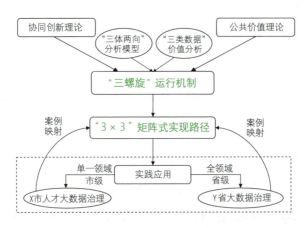

图 5-1　实现路径与运行机制的逻辑关系

① 马广惠、安小米：《政府大数据共享交换情境下的大数据治理路径研究》，载《情报资料工作》，2019（2）。

二、"3×3"的实现路径模型

政社数据对接利用是项复杂的系统工程，需要各相关主体、所有数据客体以及数据处理依托载体的协同配合。数据对接利用顺利开展，从主要流程来看，需具备三大能力，即准备期注重数据汇聚能力，对接期注重治理能力，利用期注重应用能力；从各项工作顺利开展角度来看，需要各主体做好三项工作，即组织管理保障、建设运营保障和数据安全保障。主体层面，主要表现为做好三大保障，政产学研各方分工明确、职责清晰。客体层面，主要表现为做好数据治理，完成好数据清洗、加工、处理以及模型算法构建。载体层面，主要表现为做好数据汇聚，通过打造数据治理平台，促进各类数据归集汇聚。问题导向及目标导向主要表现为做好数据应用，增强政府决策的精准性、民生服务的便利性和产业发展的高效性。结合影响政社数据对接利用的政策保障、市场驱动、科技创新、应用牵引、文化赋能等五项促进因素及机制、标准、人才、资金、安全等五项保障因素，从能力维、保障维，设计推进政社数据对接利用的关键节点（见图5-2）。

图 5-2　政社数据对接利用的"3×3"实现路径模型

（一）三大能力维

一是汇聚能力（准备期重点工作）。数据汇聚是开展大数据治理的基础。数据汇聚能力包括标准规范、数据归集、平台支持三个方面。首先是构建数据对接共享标准体系，按照统一标准开展数据采集汇聚。数据汇聚既包括共享政府部门掌握的数据，也包括归集企业、互联网等各类社会数据，通过构建大数据分析平台实现数据共享利用。

二是治理能力（对接期重点工作）。数据治理包括对数据的加工处理、构建模型算法和对接融合三部分。通过加工处理，可将原始的杂乱数据清洗去重，形成数据半成品供使用。模型算法有助于保证数据安全，实现"数据不见面、模型算法见面"的共享方式，同时，也是数据半成品进行深度加工的关键技术。在数据加工处理之后，借助模型算法，就可以实现各类数据依托大数据分析平台进行对接融合。

三是应用能力（利用期重点工作）。政务数据与社会数据的对接利用，能够产生协同倍增效应，远超过单纯政务数据的价值。通过两类数据分析利用，将对政府治理、民生服务、产业发展起到积极促进作用，助力政府科学决策、便民利企服务、产业创新发展。

（二）三大保障维

一是组织管理保障。组织管理保障主要包括政策制度、管理架构和工作机制三方面。政社数据对接涉及政府多个部门以及社会相关机构，数据共享利用协调难度很大，只有通过制定相关政策，才能为开展政社数据对接提供政策制度保障。完善管理架构是推动各项工作开展的关键，有助于各参与方协同处理重大问题。良好的工作机制能够调动各方积极性，充分发挥政府主导和市场化机制优势互补的特点。

二是建设运营保障。政社数据对接融合包括主体合作、市场化机制、项目实施等环节，既需要各主体合作，也需要引入市场化机制，以保障各项工程项目的顺利实施。政产学研各方的协同是政社数据对接利用工作能否成功的关键，只有建立风险共担、利益共享的机制，才能保障合作的可持续性。市场化是推动政企合作最为高效的手段，既能弥补政府人员不足的短板，又可调动企业及社会的积极性，增强各工程项目实施的可持续性。

三是数据安全保障。确保安全是开展政社数据对接利用的底线，没有数据安全就没有对接利用。数据安全主要由技术防护、使用安全和风险感知三方面组成，通过数据安全相关技术的使用，确保数据加工处理及分析利用时的安全，通过建立风险感知机制，及时识别安全隐患并为开展安全防护提供线索。

第二节　实现路径模型的实践验证

当前，许多地方和部门在深入推动大数据治理实践过程中，越来越需要促进政府掌握的政务数据与海量社会数据对接利用，明确政社数据对接的具体路径、提高政社数据对接的可操作性，成为一项亟待解决的现实问题。本章针对目前缺乏政社数据对接利用具体实现路径的问题，在"三体两向"分析模型及"三螺旋"运行机制模型基础上，从能力维和保障维出发，构建一套包括"三大能力、三大保障"的体系化的实现路径模型，为指导政社数据对接利用实践提供参考，并在 X 市人才大数据治理和 Y 省大数据治理实践中进行应用检验。

一、实现路径模型的应用（市级）：X 市人才大数据治理的实现路径

为检验实现路径模型在指导规划编制中的有效性，本文以 X 市人才大数据治理为例，依托 X 市人才大数据发展规划编制工作，基于"3×3"矩阵式实现路径模型，为 X 市人才大数据治理分阶段分步骤实施以及制定重点任务和

工作举措提供指导。

X市人才大数据工作涉及政府及社会各个层面，涵盖政务数据与社会数据对接利用各个环节，是典型的政社数据对接利用案例。政府层面，覆盖了25家市级部门及11个区级人社部门，涉及数十类人才相关数据，依托市政府信息共享平台等市级平台以及人才领域专业平台。社会层面，包括18家社会单位及企业，涉及企业、第三方、互联网等三类人才数据，需要企业自建平台开展数据加工处理及应用服务。按照"3×3"矩阵式实现路径模型，结合对政府部门、社会单位及相关企业的调研访谈，将X市人才大数据治理分为以下18个重点环节，制订各个环节的重点工作计划，分步推进实施（见图5-3）。

图5-3　X市人才大数据治理路径

（一）加强人才数据汇聚能力

1. 立标准：编制人才数据标准规范

标准不统一是地方推进数据治理的一大难点，开展政社数据对接利用，不仅要建立政府部门人才数据统一标准，还要与社会人才数据标准实现对接。在参照国家及本省大数据标准基础上，按照系统性、完整性、可扩展性原则，提出了 X 市人才数据标准体系，包括元数据标准、技术标准及数据服务标准。元数据标准是指人才数据采集表达、处理交换等各环节所涉及的标准。技术标准用以对人才服务领域大数据生命周期中涉及的技术、工具、系统与平台的技术和功能等加以规范。数据服务标准是指人才大数据架构体系中数据提供者和数据消费者的相关活动，为数据开放、数据共享等方式、数据消费者应用需求等提供指引。

2. 汇数据：归集政社各类人才数据

缺乏数据支撑是政府数据治理的基础性难题。政府间人才数据汇聚难，政府与社会数据汇聚更难，要在政府数据开展各类人才数据资源归集基础上，积极推动与社会人才数据充分对接。X 市人才数据归集，主要包括四个方面。一是归集汇聚公安部门的人口信息、市发展改革委的城市人口信息等个人基本信息，市教育局、省教育厅、教育部、学信网等个人教育信息，市民政局的个人婚姻信息，个人健康信息、社保信息，市税务局的个人税务信息，编制部门的组织机构信息、企业基本信息，民政部门的社会组织信息等。二是归集省、市、区各级人才政策法规数据、社会发展经济数据、单位信息数据等人才环境数据。三是建立与国家、省及市内政府部门、党群部门、事业单位等人才数据对接机制。四是汇聚全市各级企业、人力资源服务企业及机构、互联网等人才数据。针对以上四类人才数据，建立数据归集规范，实现所有数据的统一汇聚、处理、开放、共享、应用及授权运营，为人才大数据应用提供基础和管理标准保障，为政府部门开展人才数据加工处理、挖掘分析、分析决策、风险管理和人才服务提供全方位数据支持。

3. 搭平台：规划人才数据支撑平台

为促进政府及社会领域的人才数据对接利用，X 市人社局牵头，规划建立市级人才大数据平台，实现数据采集清洗、转换存储、处理分析、可视化展示等多种功能，并对外提供标准化访问接口。应用支撑平台对全市各部门人才业务系统的用户、权限、业务应用系统进行统一管理，包括数据资源管理、用户类型管理和用户查询、各业务应用系统接入平台管理、个人门户管理、页面定制、日志管理等功能。

（二）提升人才数据治理能力

1.做加工：人才数据的加工处理

结合 X 市人才数据共享利用情况，将政府及社会人才数据的加工处理细分为数据资源管理、数据质量及比对管理、数据监控管理等部分，逐步推进加工处理后的人才数据在政府部门共享及在社会开放流通。以元数据为基础，开展覆盖数据全生命周期的一体化管理，实现全市各类政务人才数据与社会人才数据全流程治理。

2.建模型：人才数据的算法模型

算法模型是打通政社两类"数据壁垒"的必要手段，是提高数据对接效率、解决数据安全隐患的重要保障。通过规划建设人才数据处理平台，为 X 市相关政府部门及社会机构提供数据建模、数据挖掘、计算引擎等服务，构建针对非结构化数据的 MapReduce 批处理模型、针对动态数据流的流计算 StreamComputing 模型、针对结构化数据的大规模并发处理 MPP 模型、基于物理大内存的高性能内存计算 In-memory Computing 模型等。通过对不同类型数据进行计算处理，设计适于多种数据类型的分析算法模型，提供面向多元数据计算处理需求的各种开发工具包和运行支持环境的计算平台。

3. 促融合：人才数据的对接融合

加强对全市各部门人才数据及业务的协同管理，包括工作流程引擎、表单设计平台、报表管理平台、信息发布平台、短消息中心、日历个人事务等。通过数据管理系统，对接 X 市政务信息共享平台，促进部门业务数据与人事人才基础数据通过库表方式进行共享交换。通过数据互联互通、融合共享，实现人才数据跨区域、跨层级、跨部门协同共享，实现数据"一处采集，多处利用"，促进政府侧及社会侧人才数据汇聚融合。

（三）增强人才数据应用能力

1. 优决策：为政府决策提供数据支撑

在汇聚各行业、各产业的人才年龄、性别、职业履历、教育背景等多维度大数据基础上，依托 X 市政府大数据综合应用管理平台数据资源，结合文化教育、卫生医疗、制造产业、服务产业等各行业发展情况，预测各类人才需求、公共服务需求等，为 X 市产业发展、经济发展、教育医疗、城市规划等匹配人才资源规划制定提供决策依据。基于实践的人才专业、人才结构、人才流动及就业等数据，探索多数据源跨域关联性，借鉴先进的人职匹配推荐算法，对人才状态进行动态跟踪分析，为政府及社会部门提供人才数据分析报告，实现人才供需的动态追踪及实时把控。结合本市未来发展战略，开展全市人才数据统计分析，研究人才中、长期预测模型，辅助做好人事人才、劳动就业、医疗社保、产业创新等相关工作，提高政务决策及执行效率。

2. 便民生：为便民服务提供数据支撑

综合全市人才基础数据、学历情况、专业情况、职业技能、继续教育、绩效、薪酬、社保等各维度数据，研究分析人才成长规律，为个人职业生涯规划、择业求职、创新创业成才提供指导。结合各类型人才薪酬福利、成长背景、专业技能等各维度数据，为事业单位、企业、各类机构开展人才培养、开发、激励、使用提供数据支撑，为各单位制订引进和留住人才方案提供参考依据。

3. 育产业：为产业发展提供数据支撑

汇聚各行业、各类型人才数据，开展 X 市人才指标体系设计，分析各行业、各类型人才大数据时空动态变化特征，结合各类型人才数据，基于人才大数据，示范和引导人力资源服务企业及中介服务机构通过手机软件和数据集成平台提供招聘、人才测评、职业规划、福利薪酬、绩效考核、精准培训等方面的规范化人力资源服务，为全市人力资源产业提供数据支撑，促进人力资源服务生态圈构建。鼓励基于人才数据的人力资源开发、人才培养、人才评价等产业创新研发和应用，培育壮大人才大数据产业生态。

（四）优化组织管理保障

1. 定政策：完善人才大数据政策体系

为进一步促进全市人才大数据资源的统筹、整合、共享、开放和运用，积极编制本市人才大数据规划纲要，围绕城市定位及在本省的功能定位，明确若干重点建设任务、实施一批重大工程，充分发挥政府在人才大数据发展中的政策引导作用。

2. 优管理：建立人才大数据管理架构

进一步加强对全市人才大数据发展的统筹指导，推进建立人才大数据发展部门间联席会议制度，强化全市人才大数据建设协调力度，解决政社人才大数据对接利用中的机制创新、政策衔接、平台建设、项目推进等方面的重大问题。推动有关部门将人才大数据建设工作纳入部门总体工作部署，制订具体工作方案并组织实施。充分依托人力资源产业园，建立市级人才大数据管理及产业创新服务中心，负责本市人才大数据平台建设管理、运营管理以及应用信息技术实现人力资源产业创新管理及服务，积极开展与人才大数据产业联盟、人才大数据研究机构的协作。

3. 建机制：构建人才大数据工作机制

推动将 X 市人才大数据建设列入公共财政支出的重点领域，建立健全财政对全市人才大数据建设的保障机制，增强人才大数据经费保障能力。探索多元化投资机制，激发社会资本参与积极性，探索设立人才大数据产业发展基金，通过股权投资、创新投资等方式，解决资金短缺难题。

（五）创新建设运营保障

1. 推项目：明确重点建设的工程项目

按照人才大数据发展总体目标，制订 X 市人才大数据未来三年两步走建设计划。第一阶段，规划建设市人才大数据混合云平台、人才大数据标准体系、标准管理系统、统一资源管理及应用支撑平台、人才数据中心、人才服务一体化智能化平台、人才大数据服务总门户、HR 智慧云平台、人才大数据安全体系等内容，为人才大数据建设夯实基础。第二阶段，建设市智慧引擎平台、区块链支撑平台、人才数据中心、人事人才综合服务管理系统，促进各部门人才信息系统升级改造，推动人才成长综合管理系统、人才数据开放利用系统、人才大数据应用系统建设，为政务、民生及产业创新发展提供人才数据支撑。

2. 重市场：发挥市场机制决定性作用

人才大数据工作，由于其产生的经济效应往往周期较长、体量较小，而且前期会有大量资金、人力、物力的投入，待发展到中后期，项目实施的可持续性风险增高，为实现人才大数据工作良性可持续，亟须引入市场化机制，以市场化运作解决项目实施中遇到的人、财、物等问题。为充分发挥经营主体作用，由政府牵头，打造公平竞争、有序开放的人才数据要素市场，提升人才数据开发利用市场化水平。为促进人才数据流在市级部门、本省以及社会化市场的跨区域、跨行业流通，加快制定数据要素流通交易机制，充分激活人才大数据融合利用价值。

3. 强协同：促进政产学研各主体合作

形成全市人才大数据治理合力，构建政产学研各方协同的人才大数据建设机制。在政府跨部门协同服务方面，建立组织部门、编制部门、人社部门及科技、卫健、教育、文旅等人才行业主管部门参与的跨部门协同人才服务机制，实现人才业务的一门申报、一网通办、全网通办、全市通办。产业发展方面，构建人才大数据产业联盟生态圈，政府搭建人才大数据平台基础设施和环境，人力资源服务机构特别是相关重点龙头企业充分利用人才大数据平台的数据资源，开展人才、人力资源的相关服务。研发合作方面，联合国家部委相关研究机构及 X 市本地研究机构、重点高校、人力资源服务机构，搭建人才大数据产学研协同创新平台，开展人才政策大数据研究、人才数据分析、各类人才需求分析、公共服务需求分析。

（六）夯实数据安全保障

1. 技术安全：增强安全技术防护

X 市人才大数据安全保障工作充分利用了数据全生命周期防护理念，在不同的生命周期采用不同的安全防护技术，做到数据在整个生命周期可控、可管，最大限度让数据治理通过技术平台实现自动化，形成数据安全快速反应能力。

2. 数据安全：加强使用安全管理

X 市人才大数据使用安全以风险要求和合规要求为需求，规划设计人才大数据整体数据安全方案，全面覆盖大数据面临的安全风险，制订综合整体的解决方案，覆盖从数据采集、存储、处理、应用、流动到销毁等各环节，通过对生命周期各阶段进行针对性的风险分析并提出对应的解决办法，形成基于全生命周期数据管理的整体解决方案。

3. 风险预警：强化安全风险感知

在人才大数据安全风险感知方面，构建完整的 X 市人才数据安全管理系统，基于全局统一的敏感数据知识库提供一体化策略管理能力，基于数据流动监测和日志留存提供数据安全风险的感知和分析能力。通过敏感数据地图、策略协同、风险分析等特性，结合终端数据防泄、网络数据防漏、大数据安全审计等协同管理，实现 X 市人才数据治理工作数据可视、风险可管、结果可控。

总体看，X 市政务类人才数据与社会类人才数据的对接利用，按照能力维与保障维协同配合的思路设计，通过三项保障措施为提升三项能力保驾护航（见图 5-4）。一是组织管理保障方面，政府通过制定相关政策文件，为消除"数据壁垒"，促进更多数据汇聚提供保障，同时有利于以促进产业发展等应用为导向，提升数据应用能力；通过构建有效的管理架构，为企业开展涉及数据汇聚及治理的平台建设及项目实施提供组织保障；通过建立政企协同的工作机制，为数据汇聚、数据治理及开发利用等工作提供经费支持。二是建设运营保障方面，以促进政产学研协同配合为基础，充分发挥各方在政策、技术、资金、人才、数据等领域的优势，以启动一批重点项目为抓手，提升政社数据的创新应用能力，并围绕特定场景应用，促进相关数据的汇聚及治理。三是数据安全保障方面，面向数据汇聚、数据治理、数据应用各个环节，通过采取针对性的数据安全防护技术，强化数据全生命周期的管理规范，建立风险提前预警及防控机制，构建数据来源可确认、使用范围可界定、流通过程可追溯、安全风险可防范的 X 市人才数据开发利用机制。

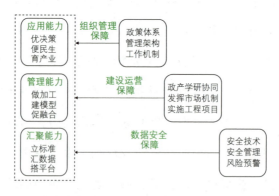

图 5-4　X 市人才大数据治理实现路径模型两个维度的有机协同

二、实现路径模型的应用（省级）：Y省大数据治理的实现路径

从上述实践案例可以看出，"3×3"实现路径模型在单个城市内、某个领域中，可以为规划方案的编制提供指导。但如果区域范畴扩大到省域，涉及领域扩展到多个领域，实现路径模型是否依然有效，还需进一步研究检验。

我们以Y省综合数据治理能力提升为例，进行深入验证分析。Y省在深入贯彻落实国家大数据战略过程中，作出一系列加快数字治理的决策部署，提出全省数字化发展战略，编制出台一系列数据治理领域的发展规划，全面谋划"数字强省""数字兴省"工程，在数字经济发展、数字政府治理、数字社会建设、数字设施完善等方面取得显著成效。但同时，Y省数据治理也存在"信息孤岛""数据烟囱"、难以形成整体合力等突出问题，政府及社会数据资源对接利用较弱、利用水平整体偏低。

为增强全省数据治理能力，进一步激发数据价值，提升数据在政府决策、民生服务、产业发展中的促进作用，将"3×3"实现路径模型应用到对Y省数据治理规划设计之中。

（一）加强 Y 省政社数据汇聚能力

1. 标准规范方面

逐步完善 Y 省政务及社会数据标准规范体系、安全保障体系和运营管理体系，打造数据"通用语言"的标准体系。一是分类分级标准保障。根据内容或者内容的重要性，对存储好的政社数据进行分类管理，保证数据的易用性和准确性。以数据自然属性为基础，遵循科学性、稳定性、实用性对数据资源进行分类。二是质量控制标准保障。针对数据的采集、传输、存储、使用、共享及销毁全过程确立制度原则，采取全生命周期监视和保护，实现数据全流程管理。围绕数据中心基础数据库，形成数据分类编码标准体系，建立数据质量标准体系。三是共享开放标准保障。根据数据是否涉密及涉密程度，规范数据共享与开放标准，保证数据的应用性与安全性。针对涉密数据，明确开放条件、开放对象及审核程序，按要求开放政务数据目录；针对非涉密数据，通过提供统一的数据下载、共享、流通及服务接口等，明确数据的共享属性（如无条件共享、有条件共享、不共享等），形成数据资源开放目录的分类标准，明确提供数据和提供数据分析结果的条件和服务场景。

2. 数据归集方面

数据归集是数据治理的基础。实现政务及社会数据的数字化采集，在"一数一源"基础上，以数字化方式采集、录入和存储数据资源。充分利用互联网爬虫技术和 API，采集互联网上与政府业务相关的消费投诉维权、网络舆情、政府投诉平台等方面数据。结合全省数据基础设施建设的情况，明确数据治理要汇聚的数据范围，包括区内政务数据信息资源、社会数据信息资源、国家数据信息资源、"一带一路"国别数据资源、企业数据、第三方数据等。按照国家政务信息资源目录规范编制和完善全省政务数据资源目录，并根据不同业务领域将数据按等级进行分类。构建资源汇聚体系，将社会数据进行统一采集、归纳、存储，依托政务数据共享平台，促进与政府及事业单位、社团组织等数据的对接共享，形成 Y 省数据资源信息库。

3. 平台支撑方面

深入推进全省政务数据"聚通用"工作，加快推进全省"政务一朵云"在线服务平台建设，主动对接国家一体化大数据中心建设，打造具有 Y 省特色的全区一体化大数据中心。一是在政府侧，依托省电子政务云计算中心，打造全区统一的"政务一朵云"。在省市联通方面，依托省电子政务云，推动 14 个区市政务云全部实现联通，打造政务数据汇聚的总枢纽。二是推进建设全省一体化大数据中心，通过建立央地协同联动的数据对接共享机制，基于"以人为本、需求牵引、利旧建新、共享开放、分级分层、自主可控"原则，全面对接国家电子政务外网、国家公共数据开放平台、国家政务数据共享开放平台及国家公共信用平台，构建央地协同、政务数据与社会数据协同、产学研协同的数据资源归集整理、开发利用、产业孵化体系。

（二）提升 Y 省政社数据治理能力

1. 加工处理方面

归集汇聚的政社数据往往存在不一致、不完整、有噪声等问题，对数据分析利用产生负面影响，因此数据处理加工环节不可或缺。全省政社数据加工处理主要包括两类：一是建设覆盖全省的政务数据、海外数据和社会化数据资源的统一数据清洗和比对加工辅助平台，加强数据标准化稽查、清洗、去重、校验、修复、分级分类、血缘分析等质量管理工作，不断提升大数据分析挖掘可靠性。二是建设政务数据与社会数据动态本体库。围绕人、企、事、车、地、物六类本体，以个人的身份证件号、企业的社会信用代码、车辆的牌号等数据，整合关联税务部门的纳税数据、海关的通关数据、企业社会信用数据等政务数据，以及企业的招聘数据、投融资数据、招标及中标等社会化数据，建设政务及社会数据动态本体库。

2. 模型算法方面

基于政社数据开展多领域、多层面的应用，包括数据去重、格式转换、错别字识别、命名实体识别等技术。由于计算方法的通用性，需要围绕政府对算法服务的需求，提供基础性算法服务，实现基础算法的快速调用，提高政府人员对数据的操作和运用能力。为提升省数据治理的模型算法能力，依托深度学习、自然语言处理、GIS集成展现、语音智能问答、多语言机器翻译、数据可视化、大语言模型、智能体等技术，开展大数据相关算法模型研究，积累数据集、算法代码、映射数据集等通用功能模块，形成在国内具备一定领先水平的通用核心算法库、模型库、控件库和知识库，为全省数字政府创新能力提升及东盟国家大数据领域企业提供物流、商贸、金融等重点领域通用算法模型服务。

3. 对接融合方面

在省政务数据开放平台现有基础上，进一步完善数据目录浏览、主题分类、数据下载、接口服务、互动交流、数据检索等功能，推动更多的政务数据向企业、社会、民众提供，加大政务数据与社会数据对接利用力度。依托省级政府部门数据，积极对接企业及社会相关数据资源，共享利用本省及周边省份经济社会发展实际情况的各类政社数据，为开发产业运行风险指数、消费升级指数、高校毕业生初次就业薪酬指数、卫星灯光指数、就业热度指数、平均薪资收入指数等提供数据支撑，提升政府研判经济发展趋势的及时性、准确性。

（三）增强 Y 省政社数据应用能力

1. 政府决策方面

近年来，政府科学决策日益离不开海量数据的支撑。

政府借助数据挖掘分析等技术，利用模块化政策分析模型，发现社会存在的各种问题，预测发展态势，提升政府决策的及时性、准确性。积极开展基于政府大数据分析决策研究，聚焦"一网通办"等高频政务服务办理事项，以宏观决策、市场监管、生态环境治理、自贸区建设等领域的大数据应用为切入点，通过政务数据与社会数据的对接利用，形成面向全省及国家相关部委的综合性决策参考报告，为政府科学有效地检验分析存在问题及挑战、深度挖掘痛点和难点提供数据支撑，同时加强对全省数字政府建设总体发展方向的预判和把控，为数字强省建设提供科学政策建议，提升全省各级政府综合统筹运用大数据进行政策制定和精准施策能力。

2. 民生服务方面

促进政务服务智能化、高效化协调运转。重点围绕政府公共服务、社区服务、城市发展、电子商务等领域，集中提供公用事业缴费、交通出行等便民信息服务，拓展社区智慧家居、智能物业等智慧应用，提升数字化文化旅游、教育培训、休闲娱乐等特色服务，不断改进网上购物、送货上门等服务体验。

3. 产业发展方面

引导和鼓励各类企业、技术力量和社会资源参与政务数据治理，以数据对接利用为核心，以数据治理平台为支撑，通过多源异构政务数据灵活调度，促进政务数据在产业创新中的价值实现，构建政产学研用一体化数据开发应用生态圈。一是培育壮大大数据产业。聚焦贸易领域加快数字贸易平台建设，构建面向海外的数字贸易产业链。围绕电商、物流、农业、旅游、健康等重点领域，培育一批大数据创新应用示范工程，推动形成具有全省特色的大数据产业。二是为产业数字化提供数据资源支撑。以政务数据共享开放为"药引子"，积极推动社会数据与政务数据平台化对接利用，发挥各类数据资源在产业数字化领域的重要作用，以政府－企业－社会数据对接利用方式，为全省数字经济与工业、农业、服务业深度融合提供数据资源要素支撑，大力推动互联网、大数据、人工智能和传统产业融合，助力全省数字经济高质量发展。

（四）优化组织管理保障

1. 政策制度方面

加快推进落实数字强省系列政策文件，在内部保障方面，进一步完善全省数据共享、数据应用及数据开放等相应的管理办法和实施细则，确保数据的治理和运营过程有据可依、有章可循；在外部保障方面，数据治理工作离不开经费、人才和科学技术的支持，需要建立财政支持、研发投入、人才培养等方面的政策保障，为数据治理工作保驾护航。

2. 管理架构方面

强化数字 Y 省建设领导小组职能，明确数字 Y 省建设领导小组对于全省政务数据治理运营各项工作的统筹领导，建立健全跨部门的顶层统筹机制，进一步完善"四位一体"工作格局。由省大数据发展局牵头，联合省信息中心及相关部门推动全省数据治理运营工作，明确牵头单位和参与单位的职责分工，制定时间节点，压实工作任务，形成"全省政务数据治理任务一张图"，倒排时序、挂图作战。发挥省大数据研究院等智库支撑作用，牵头推进政务数据治理工作的绩效评估、标准规范、技术研发、人才培养、宣传培训等工作，组建省数据治理专家咨询委员会，为全省数据治理规划建设提供智力支持。

3. 工作机制方面

积极推动重大工程项目实施及应用示范，坚持"大统筹、大集约、大管控"思路，依托"四位一体"工作格局，探索成立联合使用总体和联合技术总体"双总体"机制，支撑管理与技术"双轮"驱动。其中，联合使用总体由省大数据发展局牵头，大数据研究院提供决策支撑，相关部门共同参与，下设综合统筹组、技术统筹组、数据统筹组、保障统筹组、监督审计组等部门，负责政务数据治理运营统筹建设。联合技术总体由省信息中心与数字 Y 省集团共同牵头，其他企业共同参与，下设政策法规与标准规范保障组、数据资源管理调度网组、数据中心准入验证环境组、数据资源治理组、数据开放服务组、数据运营监管组和数据安全防控组等部门，负责工程落地实施工作。

（五）创新建设运营保障

1. 主体合作方面

加强政企在数据治理领域的协同合作，发挥省大数据发展局的统领作用，联合国家信息中心等国家级智库，建立覆盖各级各部门和相关社会机构的政务数据与社会数据治理合作机制。联合国家信息中心、北京大学、清华大学等知名研究机构和高校，依托省内高校院所资源，大力推动政务数据与社会共享开放，支持省大数据人才及团队利用相关数据开发产品、技术和服务。加强企业间的合作交流力度，促进本土大数据企业与国内外领先企业分享经验与交流技术。同时利用独特的地缘优势，积极开展数据治理领域的跨境合作交流。

2. 市场化机制方面

在政府主导下，充分调动企业及社会主动性，借助市场化力量，积极推进政务数据与社会数据对接利用，推进技术运营侧整合，提升技术运营的专业性和持续性，规避政府低效管理的弊端。针对政府公开数据存在数据量少、公开范围窄、数据内容单一等问题，积极导入市场化运作机制，推动政府购买企业服务，遵循"政府指导，市场化运作"的原则，通过混合所有制的方式，建立政府与企业合作的新模式，利用市场化机制让政务数据创造更大的价值。

通过为企业间多方交流合作搭建平台，促使业界同仁、监管机构、司法系统以及科研院所等机构保持密切交流，不断整合优化数据共享开放、流通交易的安全保护机制，更好地为政务数据创新利用提供运营保障。

3. 项目实施方面

紧紧围绕国家大数据战略，结合全省发展特点，在数据汇聚、数据调度、数据决策、数据产业发展、数据平台建设等方面，提出"十四五"期间全省数据治理的一系列重大工程项目，推出项目的三个阶段实施步骤。

（六）夯实数据安全保障

1. 安全技术防护方面

确保政务数据与社会数据采集使用时，严格遵守安全技术标准，严防数据安全风险。将政务数据治理与信息技术应用创新工程有机结合，在关键软硬件产品的选型中，坚持选择国内自主可控产品，强化国产密码保护体系建设。强化对数据采集、流通和使用等关键环节的合规性监测，有效防控数据风险。严格遵循网络安全等级保护要求，实施分层纵深协同防护。

2. 使用安全管理方面

制定全省政务数据与社会数据保护清单，严控关键领域数据对企业开放，对提供技术支持的互联网企业进行严格审核及管理，加强政务数据使用的合规性审查审计。建立健全全省数据治理体系，建设数据安全标准和安全制度体系，制定相应应急措施。加强对各类人员的安全技能培训，打造一支技术精湛、业务熟练的数据安全服务队伍。

3. 安全风险感知方面

按照"政府主导、企业参与"的原则，构建 Y 省数据安全应急处置机制，提升对突发数据安全事件的处理能力。依托省数据共享交换平台，建设数据安全监管系统，加强对系统平台及数据共享开放安全状况的实时监测。

三、两个案例异同点分析及启示

为检验"3×3"实现路径模型设计的可行性，我们采用两个典型案例进行验证。其中，X 市人才大数据治理是一个市级的应用案例，主要应用于较为单一的人才大数据领域；Y 省大数据治理案例是一个省级的应用案例，应用领域包括教育、医疗、人社、交通、社区、园区等数十个领域。两个案例的共同点在于，应用的指导理论、分析方法、实现路径及价值体现相同。不同点在于，两个案例参与的主体及主导者不同，汇聚的数据所涉及的领域范围不同，所依托的大数据治理平台也不同（见表 5-1）。

表 5-1　两个案例实现路径的异同点

异同点		X 市人才大数据治理	Y 省大数据治理
相同点	指导理论	协同创新理论和公共价值理论	
	分析方法	"三体两向"分析法	
	运行机制	"三螺旋"运行机制	
	实现路径	覆盖"3×3"实现路径的 18 个具体工作环节	
	实现价值	服务政府决策、产业创新、民生改善	
不同点	行政级别	市级	省级

续表

异同点		X 市人才大数据治理	Y 省大数据治理
不同点	主体	政府：市人社局会同市委组织部、市政数局，联合各区人社局 企业：各人才服务相关机构	政府：省大数据局牵头，政府各部门参与 企业：覆盖全省各云计算、大数据企业及工业、服务业企业
	客体	主要为人才领域各类政务及社会数据	包括经济社会民生等各类政务及社会数据
	载体	主要依托改造升级后的市级人才大数据平台	需要打造全省一体化大数据中心
	应用领域	服务全市及粤港澳大湾区人才高地建设	服务 Y 省数字政府、数字经济、数字社会建设

通过两个案例的分析对比，得到以下三方面结论。一是应用范围方面。无论是省级层面还是市级层面，"3×3"实现路径模型均能提供操作指导，即实现路径的应用不受区域范围的影响，市级、省级甚至国家级，都可以应用。二是应用领域方面。无论是单一的人才大数据治理还是一个省的各个领域的数据治理，"3×3"实现路径模型均可以使用，也即实现路径的应用不受领域多少的影响。三是应用环节方面。两个案例虽然都应用了 18 个实现路径环节，

但每个环节的具体内容都不相同，也就是说，实现路径模型提供的是开展数据治理要经过的各个环节，但每个环节由谁来做、怎么做，需要根据参与主体、应用场景及建设目标而定。

小结　指明政社数据对接利用的实现路径

在明确政社数据对接利用的工作流程及建设模式基础上，本章研究构建了推动政社数据对接利用的实现路径模型，为政府及社会各界协同推进政社数据对接利用提供实操指引，指导各主体有序高效开展工作。在运行机制构建完成之后，通过构建"3×3"矩阵式政社数据实现路径模型，从能力维与保障维为政社数据对接利用提供操作指导，为政企协同开展政社数据实践提供了有效操作工具，为实践层面如何选择建设模式、分析对接利用的类型、判断数据价值实现提供了有效操作工具，回答政社数据对接利用"谁来做、做什么、如何做"的议题，明确政府、企

业及社会各方在各个环节的主要工作内容，为政产学研用
各方开展政社数据对接利用提供指导，明确各利益主体应
该关注哪些环节、哪些问题，采取哪些具体措施，如何有
步骤、有计划地推进工作，并在 X 市人才大数据治理和 Y 省
大数据治理两个案例中得到应用验证。

第六章

结论与建议

本书的研究主旨，是以政社数据对接利用研究为例，为数据治理探寻有效的理论方法体系及实践应用路径，通过系统研究政社数据对接利用的指导理论、分析方式、运行机制及实现路径，既为政社数据对接利用探索了较为合理的理论依据，也为政产学研各方协同开展对接利用实践提供了有益指导，为数字经济时代研究理论的创新发展开拓更加广阔的应用空间。依托协同创新理论与公共价值理论，结合实践案例分析、对比分析、量化分析等方法，研究提出了政社数据对接利用的分析方法模型及运行机制模型，进而构建了政社数据对接利用的实现路径模型，为验证两个模型的合理性，通过五个典型案例进行了综合性映射研究，为加快推动政社数据对接利用实践提供路径指引。整个分析过程遵循"理论依据探寻→分析方法模型设计→运行机制模型设计→实现路径模型设计→模型有效性映射→映射理论合理性"的过程，开展从"理论到实践再到理论"闭环研究，为开启数据治理领域新的研究方向进行了积极探索。

第一节　研究结论

一、协同创新理论融合公共价值理论是有效的指导理论

数据治理领域相关文献研究发现，近年来，协同创新理论已成为研究数据治理的主流指导理论之一，而公共价值理论也被一些学者应用到数据治理领域。本书在已有研究成果基础上，将协同创新理论和公共价值理论进行有机融合，以协同创新理论为路径依据，以公共价值理论为目的依据，通过将数据公共价值实现作为协同创新的根本目标，在运行机制及实现路径模型中同时体现两个理论的指导，通过两者融合解释多源数据的对接利用现象，弥补了协同创新理论单方面在数据公共价值创造中的不足。通过一些典型案例的研究分析，验证运行机制模型及实现路径

模型的有效性，从而由实践回溯验证了两个理论在政社数据对接利用中的指导作用。通过从理论到实践再回到理论的研究论证，可以初步得出结论，将协同创新理论与公共价值理论有机融合形成新的理论——协同价值论，具有理论上的必要性及实践上的可行性，可以作为政社数据对接利用乃至数据治理的有效指导理论。

二、运行机制及实现路径研究促进了理论与实践的有机融合

本研究综合应用协同创新理论及公共价值理论，构建了政社数据对接利用的"三螺旋"运行机制模型、"3×3"实现路径模型，在模型的主要环节同时体现两个理论的指导，将理论与实践进行了结合，打通了政社数据对接利用从理论到实践的"鸿沟"，为政府及社会采用何种建设模式、如何有序推进提供了方法指导，为解决政社数据对接利用"缺""散""低""差"四大问题提供了解决方法（见表6-1）。

表 6-1　政社数据对接利用四大问题的对应性解决方式

存在的问题	运行机制中的对应解决环节	实现路径中的对应解决环节
"缺"的问题	运行机制从整体上为解决"缺"的问题提供了方法指导	实现路径从整体上为解决"缺"的问题提供了操作指引
"散"的问题	通过主体维的四个环节设计，对应解决"散"的问题	通过设计"政策制度""数据归集"，解决"散"的问题
"低"的问题	通过主体维的四个环节设计，对应解决"低"的问题	通过设计"政府决策""民生服务""产业发展""市场机制""项目实施"，调动各方积极性
"差"的问题	通过客体维、载体维的四个环节设计，对应解决"差"的问题	通过设计"标准规范""平台支撑""加工处理""模型算法""对接融合"，解决"差"的问题

三、"三螺旋"模型是分析运行机制的有效工具

通过构建"三螺旋"模型，从参与主体、所用数据、各类平台角度，系统分析了对接利用的具体过程及对接机制，解决了政府、企业、社会如何分工协同、如何选择建设模式等难题。通过三大典型案例分析，对"三螺旋"模型的可行效度进行了验证，为推动政社数据对接利用提供了有效抓手。同时，量化考核指标体系为采取何种建设模式提供了量化参考，为提升政社数据对接利用效果指明了改进的方向及重点。

四、"3×3"模型为明确实现路径提供操作指引

针对政社数据对接利用缺乏具体实现路径研究的问题，本书在"三螺旋"运行机制基础上，进一步拓展了协同创新理论和公共价值理论的应用广度和深度，构建了"3×3"实现路径模型，九个具体实施过程中的措施分别对应了"三体两向"的一部分，回答政社数据对接利用过程中政府及社会各方"谁来做、做什么、怎么做"的问题，并在 X 市人才大数据治理及 Y 省大数据治理实践中进行了应用检验，体现了协同价值论在实践中的指导作用。

总体看，以协同创新理论为手段促进数据公共价值的实现，以公共价值理论为目标促进政社数据对接利用中各主体、客体、载体的协同创新，通过将两个理论有机融合并应用于政社数据对接利用领域，创新性完成了"理论依据（Why）－分析方法（How）－运行机制（What）－实现路径（Where）"等系列研究，形成了较为系统的政社数据对接利用理论研究框架，为探索提出数据治理领域的新理论——协同价值论，提供了从理论分析到实践应用的全环节支撑。

第二节　重点研究方向

本书虽然在理论研究、分析方法、运行机制、实现路径模型构建等方面，对政社数据对接利用进行了较为系统的研究，但也存在理论研究深度有待进一步完善、案例分析的数量有待进一步增加、实现路径模型有待进一步改进等方面的不足。面向未来，应重点加强以下重点议题的研究，为开展政社数据对接利用提供强大发展动力和广阔应用空间，为数据治理领域的理论创新、方法创新、实践创新提供新动能。

一是协同价值论理论体系的不断完善。理论创新研究是个严谨复杂的过程，需要从理论到实践，再从实践到理论的反复论证分析。随着人工智能技术创新应用快速发展，新的数据类型不断涌现，应进一步剖析协同创新理论和公共价值理论特点及关联性，加强探索两者深度融合范式，完善、优化新提出的协同价值论，为新时期数据治理提供具有普适性的理论依据。

二是政社数据质量评估框架及质量管理研究。对比分析国内外数据质量研究的经典理论、技术和方法以及前沿发展趋势，分析多源异构数据质量评估面临的挑战，提出政府数据和社会数据质量控制的多维质量评估体系，将每个维度细化成具体的评估指标，进一步提升数据质量管理水平。

三是政社数据要素市场体系的培育路径研究。从顶层统筹协调、数据交易市场培育、数据要素资源配置、数据资源监管及数据安全保障等难点问题出发，以数据要素为核心，从经济、法律、技术、社会、产业、区域等层面形成对数据要素的体系化论述。结合数据生命周期特征，形成以数据要素为内核的数字经济分析与应用框架，为构建政社数据要素市场提供研究支撑。

四是面向重点应用场景的主题数据空间研究。坚持需求驱动，围绕科教数据空间、政务数据空间、金融数据空间、健康数据空间、工业数据空间、交通数据空间、地理数据空间等领域，依具体应用场景构建一批主题数据空间，打造参与各方共建共享共用的开放式数据对接利用平台，推动各类政务数据、社会数据在数据空间内对接融合、开发利用，验证数据治理的新理论、新方法、新机制、新路径，为高效开展政社数据对接利用提供新平台，助力我国数据空间战略推动实施。

五是利益共享机制及标准规范体系研究。政社数据对接利用的最大桎梏不在于技术问题，而在于机制不顺畅。无论是政府数据平台还是企业数据平台建设及对接利用，都需要设计一个可持续运行的机制，既能促进政府治理目标的实现，又能满足企业的利益诉求，如此才能充分发挥政产学研各方创造力，持续推动各类数据对接融合及开发利用。研究制定政社数据共享、登记、流通、利用等领域的标准规范，推动政务数据、社会数据统一质量标准研究，建立政企间数据对接利用平台的建设运营标准。

第三节　推进实施建议

"知为行之始，行为知之成。"开展政社数据对接利用，应坚持知行合一的观念，以新理论指导新实践，以新实践完善新理论，促进理论创新与实践创新有机结合、协同推进。开展政社数据对接利用，应将宏观层面的国家"数据之治"、中观层面的数字经济高质量发展与微观层面的数据开发利用紧密结合，既注重长远的战略布局、顶层谋划，也兼顾当前的实践路径、推进方式，将主体协同、客体协同、载体协同的协同理念，与激发数据经济价值、社会价值的价值理念有机融合，推动各类数据高效便捷对接、合规有序利用，充分激发政府、企业、社会的积极性、主动性，消除不愿对接利用、不敢对接利用、不会对接利用的顾虑，提升多源异构数据开发深度，让政府的服务价值和企业的利益诉求在海量数据开发利用中实现。

一是政策创新方面，宏观微观措施并举。依托全国数据要素市场建设，以政府数据共享利用为"药引子"，带动企业、社会数据等参与，探索推进政社数据对接利用关键环节的登记认证，研究制定政务数据与社会数据平台化对接的技术标准规范，打造更安全、更便捷的数据流通利用环境，积极探索实施"数据惠企""以数抵税""以数换云"等优惠政策。

271

二是机制创新方面，促进高效流通利用。充分调动社会各方积极性，率先促进政府数据与企业数据的共享流通、确权交易、授权运营、开发利用，构建集"共享流通－领域应用－人才培养－安全防控"于一体的政社数据对接利用创新机制，推动构建高效统一的政社数据对接规则，打造更安全、更便捷的数据流通利用环境。

三是技术创新方面，联合攻关关键技术。支持各类社会主体在数据治理技术等方面先行先试，探索新型研发模式，加强原创性应用技术研究创新，鼓励各类研发机构开展关键共性技术预研，加强隐私计算、数联网、数据空间等领域技术创新，推动创新技术资源共建共享和创新模式开放化发展，打造安全可信高效的数据流通利用基础设施。

四是工具创新方面，赋能数据治理效能。加强对政务数据与社会数据对接利用基础性、关键性、共用性工具的开发利用，通过研发"数据图谱""数据沙箱""数据靶场""数据中间件"等工具集，不断完善升级多源数据对接融合利用平台功能，为政府、企业、社会各方开展数据治理提供有效技术手段，提升数据综合治理效能。

　　五是实践创新方面，积极推动先行先试。加强典型经验总结，树立成功样板，促进复制推广，形成"试点引领、各地跟进"的梯队式推进政社数据对接利用格局，重点围绕金融、科教、交通、医疗、电力等重点领域应用场景，打造一批数据主题空间，推进重点领域政社数据对接利用应用示范，加强人工智能高质量数据集的融合创新应用。

　　六是合作创新方面，凝聚社会各方合力。由国家数据管理部门牵头，广泛汇聚政产学研用各界资源，通过开展培训、举办大赛、专题宣传、年度评估、树立标杆等开展系列主题活动，不断提升企业数字化转型能力和全社会数字化素养。同时强化数据产业链上中下游各方协同，推动数据授权运营、开发利用，打造数据产业集聚区，构建十万亿级的数据产业生态体系。

图书在版编目（CIP）数据

数据治理新论：政务数据与社会数据对接利用研究 /
郭明军著. -- 北京：北京师范大学出版社，2025.1
（数字治理系列）
ISBN 978-7-303-29771-9

Ⅰ. ①数… Ⅱ. ①郭… Ⅲ. ①电子政务 – 数据管理 –
研究 – 中国 Ⅳ. ① D63-39

中国国家版本馆 CIP 数据核字 (2024) 第 024709 号

数据治理新论：政务数据与社会数据对接利用研究
SHUJU ZHILI XINLUN

郭明军　著

策划编辑：宋旭景　　　　责任编辑：宋旭景　　张梦旗
美术编辑：书妆文化　　　　装帧设计：王齐云
责任校对：陈　民　王志远　责任印制：马　洁　赵　龙

出版发行：北京师范大学出版社	开本：730mm×980mm　1/32	版次：2025 年 1 月第 1 版
印刷：北京盛通印刷股份有限公司	印张：9.375	印次：2025 年 1 月第 1 次印刷
经销：全国新华书店	字数：135 千字	定价：68.00 元

北京师范大学出版社

http://www.bnupg.com
北京市西城区新街口外大街 12-3 号
邮政编码：100088
营销中心电话：010-58808006